Ayurveda GESUNDHEITSBIBLIOTHEK

Unter Mitwirkung von	Univ.-Prof. Dr. med. Michael Kunze Univ.-Prof. Dr. med. René Wenzl Univ.-Doz. Dr. Ingrid Kiefer OMR Dr. med. Hans Krammer Prof. Dr. med. Alexander Meng MR Dr. med. Karl F. Maier Dr. med. Klaus Bielau Dr. med. Christian Matthai Dr. med. Irene Zifko Prof. Mag. pharm. Bernd Milenkovics Mag. pharm. Ernst Frühmann Michael Weger Nicola Wohlgemuth
Wichtiger Hinweis	Für Angaben von Arzneimitteleinnahmen und Dosierungshinweisen, aber auch für Angaben zu Kneippanwendungen, Bewegungsempfehlungen, Akupressur und Hausmitteln kann vom Kneipp-Verlag keine Haftung übernommen werden. Jeder Benutzer eines Arzneimittels oder einer Heilpflanze, sei es als Tee oder in anderer Anwendungsform, muss durch sorgfältiges Studium des Beipacktextes oder durch Konsultation eines Arztes oder Apothekers Kontraindikationen ausschließen und Dosierungen nach individuellen Bedürfnissen festlegen. Die Anwendung erfolgt immer auf eigene Gefahr.
Autoren	Mag. pharm. Ernst Frühmann Mag. pharm. Waltraud Frühmann
Projektkonzeption	KognosBraun Mediengesellschaft mbH & Co. KG D-86157 Augsburg
Präsentator	Prof. Hademar Bankhofer
Layout, Satz, technische Bearbeitung	WOW!-Werbeoffice Wilbold, Martin Jurkowitsch, Kneipp-Verlag
Umschlaggestaltung	Dipl. Des. (FH) Anette Kallmeier, D-86199 Augsburg
Coverbild	Ayurphoto
Fotonachweis	S. 12, 14, 24, 40, 43, 78: MEV S. 15, 16, 23, 26, 28, 44: www.ayurveda-portel.de S. 18: Paul Wilke S. 19, 41, 52, 53, 55: Photo Alto S. 22, 27, 38, 45, 66: Digital Vision S. 30: stockbyte S. 33: Mag. pharm. Ernst Frühmann S. 48, 62, 64: Corbis S. 61: Peter Bárci

Druck	Theiss GmbH, A-9431 St. Stefan

ISBN 3-7088-0049-4

Printed in Austria, 2005

Kneipp-Gesundheitsbibliothek

Mag. pharm. Ernst Frühmann
Mag. pharm. Waltraud Frühmann

Ayurveda

Indischer Weg zur Harmonie

KNEIPP VERLAG
LEOBEN · WIEN

Inhalt

Heißes Wasser gibt Kraft für den Tag

Ein Vorwort

Geht es Ihnen auch so? Man hört das Wort Ayurveda und denkt: Das ist sicher sehr kompliziert. Allein, wenn man erfährt, dass das Wort Ayurveda »die Wissenschaft vom Leben« bedeutet und dass es die älteste ganzheitliche Heilkunde des Menschen darstellt. Ayurveda ist die Kunst, ein möglichst langes Leben in Harmonie von Körper, Geist und Seele zu führen. Das Ziel ist optimale Lebensqualität und Gesundheit. Und dabei spielen die 5 Elemente eine wichtige Rolle: Erde, Wasser, Feuer, Luft, Himmel.

Der indische Weg zur Harmonie ist von bestimmten Begriffen geprägt: Vata für Himmel und Luft, Pitta für Feuer und Wasser, Kapha für Wasser und Erde. Sie stellen die drei Grundprinzipien für die Lebenskräfte des Menschen dar.

Zugegeben: Das klingt alles nicht ganz einfach, soll Sie aber nicht abschrecken. In die Praxis umgesetzt ist Ayurveda ein wertvoller Weg, dass wir gesund und voll Energie durchs Leben kommen. Ich will Ihnen das an Hand von ein paar praktischen Beispielen erklären und beweisen.

- Sie erwachen am Morgen und sind nicht besonders gut drauf. Sie fühlen sich schwach, ohne Energie und wissen im Grunde genommen nicht, wie Sie die Aufgaben und Pflichten des Tages meistern werden. Die Ayurveda-Medizin hat da ein ganz einfaches und sehr wirksames Rezept, das jeder anwenden kann. Gießen Sie ganz normales Leitungswasser in einen Topf und lassen Sie es einmal kräftig aufkochen. Dann gießen Sie 1/4 Liter davon in einen Becher und trinken nun langsam in kleinen Schlucken, so warm Sie es vertragen. Sie werden mit jedem Schluck merken, wie Wärme in Ihren Körper einzieht. Und damit bauen Sie Energie auf, können fit und kraftvoll in den Tag gehen. Mit diesem heißen Wasser-Drink kann man sehr oft auch eine beginnende Erkältung verhindern.
- Wenn Sie Ingwer mögen, dann können Sie diesen Energieschub noch verstärken und im Laufe des Tages mehrmals wiederholen. Es gibt nämlich Tage, da friert man. Die Folge: Man ist körperlich kraftlos und seelisch leicht verletzbar.

Ein wunderbares Rezept: Ingwer-Tee. Schneiden Sie von einer frischen, geschälten Ingwer-Wurzel fünf dünne Scheiben ab und legen Sie diese in eine Teetasse. Nun gießen Sie kochendes Wasser darüber und lassen das Ganze zugedeckt 10 Minuten ziehen. Danach mit etwas Honig süßen und langsam in kleinen Schlucken trinken. Die Wirkstoffe der Ingwer-Wurzel fachen im Körper ein Feuer an. Sie liefern lang anhaltende Wärme, die wir als Energie nützen können. Aber auch der aromatische Duft der Ingwer-Wurzel stärkt Körper und Seele.

- Sie erwachen morgens in Panik. Sie haben verschlafen und müssen ganz schnell aus dem Haus. Sie haben keine Zeit mehr, eine entspannende, heiße Dusche mit kaltem Abschluss zu genießen, um Wärme, Energie und Spannkraft zu tanken. Sie spüren eine unangenehme Kälte im Rücken und fühlen sich nicht wohl. Auch hier kann Ayurveda ganz einfach und schnell helfen. Ehe Sie sich ankleiden stellen Sie sich locker hin, geben etwas Sesamöl auf beide Handrücken und massieren nun damit den unteren Teil des Rückens, etwa in Höhe der Lenden. Sie massieren mit beiden Handrücken nach links und rechts, nach oben und unten. Und schon bald spüren Sie, wie durch die Massage nicht nur an der betreffenden Stelle die Haut erwärmt wird, sondern wie der ganze Körper von angenehmer wärmender Kraft neue Impulse erhält.

Sie sehen: Man kann Ayurveda im Alltag ganz praktisch umsetzen. Wenn Sie sich näher damit befassen, werden Sie auch sehr nützliche Ratschläge für eine gesunde Ernährung bekommen: für die Auswahl der Nahrung, für die schonende Zubereitung, für das Essverhalten. Sie werden die Bestätigung bekommen, dass man mit der täglichen Nahrung eine Reihe von Krankheiten und Befindlichkeitsstörungen verhindern oder positiv beeinflussen kann. Und Sie werden Rezepte finden, bei denen man die Ayurveda-Ernährung ganz einfach mit unseren europäischen Lebensmitteln durchführen kann.

Tauchen Sie mit mir die vielen Geheimnisse der Ayurvda-Medizin ein und nützen Sie diese für ein gesundes, langes Leben. Dazu mein Rat: Probieren Sie es doch einfach einmal aus.

Ich wünsche Ihnen viel Freude mit dem Band »Ayurveda – Indischer Weg zur Harmonie«.

Herzlichst Ihr

Prof. Hademar Bankhofer

Leben und Wissen

Ayurveda ist die Wissenschaft vom langen Leben. Eine gesunde Lebensführung in der Einheit von Körper, Geist und Seele ist der Schlüssel dazu.

Die traditionelle Medizin Indiens erobert den Westen

Ayurveda ist die Kunst, ein langes, reiches Leben in einer Harmonie von Körper, Geist und Seele zu führen und damit dem Menschen ein Leben in Gesundheit und höchster Lebensqualität zu ermöglichen.

Gesundheit bedeutet im Ayurveda nicht nur körperliches Wohlbefinden und das Fehlen von körperlichen und organischen Problemen, sondern auch, dass neben der reibungslosen Funktion der Verdauung und anderer Funktionen auch zwischen Geist, Sinnen und Seele ein friedliches Gleichgewicht herrscht.

Die ersten vier Buchstaben im Wort Ayurveda bedeuten »das Leben«, der zweite Teil des Wortes aus dem Sanskrit ist »das Wissen«. Wenn es nun dem Menschen gelingt, dieses umfassende Wissen in das tägliche Leben zu integrieren, wird es auch möglich sein, die Fülle der körperlichen, seelischen und geistigen Qualitäten voll auszuschöpfen.

Die ganzheitlichen Aspekte der Ayurveda bedeuten, dass es sich um eine Wissenschaft, aber auch um eine Philosophie handelt.

> »Ayurveda ist die Kunst des täglichen Lebens in Harmonie mit den Gesetzen der Natur.«
>
> (Vasant Lad)

Kosmos und Körper

Eine der Grundlagen im Ayurveda ist die Lehre von der Einheit der fünf Elemente in der gesamten Natur: Erde – Wasser – Feuer – Luft – Äther (Himmel). Sie sind die Basis im Universum und bilden damit den Makrokosmos.

So wie im Makrokosmos diese Elemente in unterschiedlicher Zusammensetzung vorhanden sind, sind sie auch die Grundlage im Mikrokosmos »Mensch«.

Diese Elemente bilden im menschlichen Körper die Strukturen – Organe – und sind für die Tätigkeit und Funktion dieser Organe verantwortlich.

Auch die Nahrung, die der Mensch zu sich nimmt, besteht aus den fünf Elementen und ersetzt im Organismus die verbrauchten

Anteile. Damit ist der Mensch ein ins Universum eingebetteter Mikrokosmos und alle Teile des Makrokosmos sind in ihm vertreten.

So wie die körperliche Zusammensetzung angeboren ist, ist dem Menschen auch der psychische Bereich vererbt und das Leben durch drei Geisteshaltungen bestimmt, die unterschiedlich stark verteilt sind.

Sattva – Lauterkeit:

steht für reine, klare Gedanken, für karitative Menschen und geistiges Gleichgewicht.

Rajas – Leidenschaft:

steht für Energie und Aktivität.

Tamas – Trübsinn:

steht für Trägheit, Passivität, Verwirrung und Unwissenheit.

Krankheit ist daher ein Ungleichgewicht eines oder mehrerer Faktoren in den geistigen Eigenschaften oder körperlichen Grundlagen.

Die fünf Elemente bilden in unterschiedlicher Zusammensetzung die Lebenskräfte des Körpers; diese werden als Doshas bezeichnet.

Vata, Pitta und Kapha sind die drei Grundprinzipien des körperlichen Anteiles des Menschen (siehe Seite 30).

Vata: steht für Himmel und Luft.

Vitta ist der Promotor für Bewegung und biologische Aktivität und damit für Muskelbewegung, Herztätigkeit, Kreislauf, Atmung und Ausscheidungsvorgänge verantwortlich.

Pitta: steht für Feuer und Wasser.

Pitta ist der Regler für Körperwärme und Stoffwechsel und steuert die physiologischen Eigenschaften des Individuums und ist für die Färbung von Blut, Haut und Urin verantwortlich.

Kapha: steht für Wasser und Erde.

Kapha ist der Verteiler des Materiellen an die Organe und damit für die stofflichen Eigenschaften des Körpers verantwortlich.

Auf Grund dieser Lehre gibt es sieben Konstitutionstypen, in denen die Doshas und damit die fünf Elemente in unterschiedlicher Zusammensetzung vorhanden sind.

Diese sind:

Vata, Pitta und Kapha als Einzeltypen;

Vata/Pitta, Vata/Kapha und Pitta/Kapha als Zweierkombination; in diese drei Gruppen fallen die meisten Menschen;

Die Dreierkombination Vata/Pitta/Kapha ist sehr selten.

Die Doshas sind dem Menschen in die Wiege gelegt und bleiben ein Leben lang gleich; sie bestimmen auch die individuelle Anfälligkeit für Krankheiten.

Geschichte der Ayurveda

Die Angaben über die ersten Anfänge der Ayurveda gehen auseinander. Aber die älteste Periode der vedischen Zeit liegt zwischen 6.000 und 3.000 v. Chr. Aus dieser Zeit datieren die ersten Angaben über die Verwendung von Heilpflanzen.

Während der späten vedischen Zeit zwischen 3.000 und 600 v. Chr. sind große Fortschritte in der Medizin erzielt worden. Aus dieser Zeit stammen wertvolle Werke der ersten Ayurveda-Ärzte (z. B. Caraka Samhitas und Sushruta Samhitas).

Im Bereich der pharmazeutischen Zubereitungen ist eine Unzahl von pflanzlichen Heilmitteln entstanden, die teilweise noch heute in den Arzneibüchern zu finden sind.

In der buddhistischen Periode von 600 v. Chr. bis 1.000 n. Chr. wurde das Wissen um die ayurvedische Medizin mit dem Buddhismus in viele Nachbarländer Indiens verbreitet.

Ein geordnetes Gesundheitswesen wurde aufgebaut und der Anbau von Heilpflanzen behördlich geregelt.

Zwischen 1.100 und 1.600 kamen viele Einflüsse anderer traditioneller Medizinrichtungen nach Indien. Diese belebten die Ayurveda neu und führten sie zu einer Hochblüte.

Diese Blütezeit fand durch die restriktiven Maßnahmen der Kolonialherrschaft ein jähes Ende.

Nur durch Weitergabe des ayurvedischen Wissens innerhalb vieler Familien überlebte diese wertvolle medizinische Richtung.

Vor rund 150 Jahren erwachte in Europa wieder das Interesse an der traditionellen indischen Medizin und der Forschergeist herausragender Ärzte brachte alte Schriften in Sanskrit und anderen alten Sprachen zum Vorschein.

Diese alten Bücher bestanden aus Palmblättern. Die ayurvedische Literatur ist 3.500 Jahre alt und eine unglaublich wertvolle Quelle des alten Wissens um Krankheiten und deren Behandlung, weist aber auch den Weg zu einem gesunden Leben.

> Ayurveda wird auch als »Mutter der Medizin« bezeichnet.
> Sie beeinflusste die chinesische Medizin und die Medizin des alten Ägyptens.

Literatur und Ausbildung

Die Ausbildung der Ayurveda-Ärzte führt heute über ein Medizinstudium; dann erfolgt ein Studium des Sanskrits, um die alten Schriften während des Studiums zum Ayurveda-Arzt im Original lesen und studieren zu können.

Das älteste medizinische Werk, das bis heute erhalten ist, ist das Caraka Samhita. Es ist in Abschriften – nicht im Original – erhalten. Dieses Werk wurde nicht nur von einem Autor geschrieben und bezeichnet den damals wandernden Mediziner. 341 pflanzliche Heilmittel werden beschrieben.

Das berühmteste chirurgische Werk ist das Buch Sushruta Samhitas. Der Autor dieses Werkes, Sushruta, soll vor über 3.000 Jahren gelebt haben. Darin sind 700 Heilpflanzen, 57 tierische und 64 mineralische Medikamente zur Behandlung von 1.120 Krankheiten beschrieben.

Über die Ayurvedamedizin wurden noch viele andere Werke geschrieben. In Südindien sind auch Schriften auf Palmblättern in der Tamil-Sprache erhalten.

An neuer Literatur stehen sehr viele englischsprachige Lehrbücher zu den Themen Philosophie, Medizin, Kräuterheilkunde und anderen Themen zur Verfügung.

Jeder, der sich die Philosophie der Ayurveda aneignet und im Bereich der Lebensordnung, Ernährung u. a. nach den Regeln der Ayurveda lebt, kann für seine Gesundheitsvorsorge selbst tätig sein und so seine Gesundheit erhalten.

Das hohe Wissen um die Heilung von einer Krankheit wird aber immer nur dem Ayurveda-Arzt überlassen sein. Jene Faktoren, die die Krankheit ausgelöst haben, zu erkennen und sanft zu behandeln, erfordert Erfahrung, Feingefühl, Wissen und Geschick. Im Ayurveda ist es ganz normal, dass verschiedene Menschen mit der gleichen Krankheit auf Grund ihrer unterschiedlichen Konstitution völlig unterschiedlich behandelt werden.

Um ein langes Leben in Gesundheit zu erreichen, ist es notwendig, die ayurvedischen Betrachtungsweisen zum Thema Nahrungsmittel zu begreifen.

Ernährung beeinflusst den Körper

Nahrungsaufnahme ist Energieaufnahme und deshalb kommt im Ayurveda der Ernährung eine wichtige Bedeutung zu.

Essen als Medizin

> Nach Ayurveda ist das Essen Medizin für ein Leben in Harmonie.

Wenn es gelingt, die Ernährung so auszuwählen, dass der Einfluss auf die Doshas und auf das Verdauungsfeuer und damit auf die Konstitution bzw. den Zustand des Menschen optimal ist, kann der menschliche Körper genug Energie für Körper, Geist und Seele schöpfen.

Das Essen darf nicht nur »Hungerstiller« oder »Magenfüller« sein, sondern Medizin für ein Leben im harmonischen Gleichgewicht.

Es gibt im Ayurveda keine Nahrung, die prinzipiell gut oder schlecht ist. Ernährung und Nahrungsmittel können für den einen Menschen ideal sein und ihm Energie und Kraft spenden, für den anderen Menschen aber negative Eigenschaften besitzen.

Nicht die Zufuhr einer bestimmten Menge von Kohlenhydraten, Fett, Eiweiß, Mineralstoffen oder Vitaminen ist für den Körper das Maß für eine gesunde Ernährung – im Ayurveda gelten andere Grundsätze.

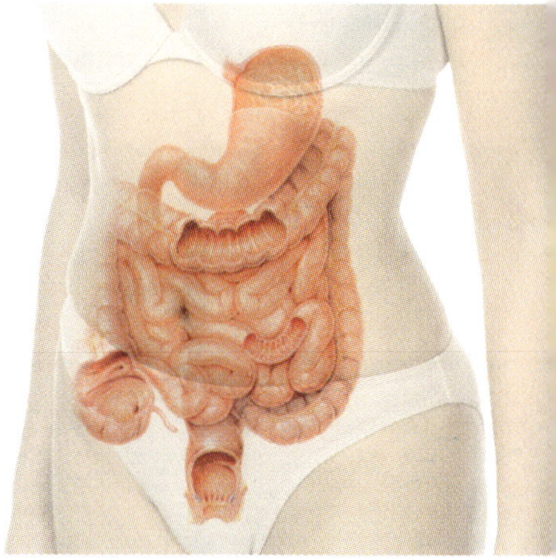

Die Verdauung

Die Entscheidung – »Welches Nahrungsmittel wähle ich für mein Essen?« – sollte nicht vom Geschmack des Essens bestimmt sein, sondern sollte aus der Sicht der Verdauung getroffen werden.

Für die Gesundheit ist die Verdauung der angebotenen Lebensmittel das Wichtigste. Das Verdauungsfeuer (Agni) ist das wichtigste Prinzip in der Verdauung. Nur wenn dieses Feuer dementsprechend »brennt«, kann die Nahrung so verdaut werden, dass alle Zellen ausreichend versorgt und keine Schlackenstoffe (Ama) oder »Giftstoffe« gebildet werden.

Das Verdauungsfeuer ist aber bei den verschiedenen Konstitutionstypen unterschiedlich stark. Daher ergibt sich der Unterschied, dass Rohkost oder gekochtes Essen für den betroffenen Menschen gesundheits- oder krankheitsfördernd ist.

Menschen mit Vata- oder Kapha-Konstitution reagieren hier völlig unterschiedlich.

Daher wird ein Vata-Typ, der die Nahrung gründlich verbrennt, mit dem Gewicht weniger Probleme bekommen, als ein Kapha-Typ, der aufgrund schwachen Verdauungsfeuers mit Gewichtsproblemen kämpft. Allein reines Wasser hat bei der Kapha-Konstitution bereits Einfluss auf eine Gewichtszunahme.

Es ist daher sehr wichtig, immer auf ein gesundes Verdauungsfeuer zu achten, damit der Körper schlackenfrei bleibt und genügend Energie bereitgestellt bekommt. Der Kreislauf »Essen – Stoffwechsel – Energie« kann durch das richtige Essen optimal beeinflusst werden.

Der Geschmack der Nahrung

Eine der Eigenschaften, die die Nahrung besitzt, ist der Geschmack (Rasa). Er entsteht durch die – innerhalb der fünf Elemente – unterschiedliche Zusammensetzung der verschiedenen Nahrungsmittel. Manche Lebensmittel haben mehr als einen Geschmack; Knoblauch z. B. besitzt fünf Geschmacksrichtungen.

Der Geschmack beeinflusst jedes Dosha, dies umso mehr, je stärker oder ausgeprägter dieser Geschmack ist. Durch eine Mischung von sechs Geschmacksrichtungen bei einem Essen kommt es zur ausgleichenden Wirkung auf die Doshas.

Tabelle 1 gibt einen Überblick über die Auswirkungen auf die Doshas durch die sechs Geschmacksrichtungen süß, sauer, salzig, scharf (würzig), bitter und herb (zusammenziehend). Tabelle 2 bringt Beispiele für Nahrungsmittel zu den sechs Geschmacksrichtungen.

Zusammensetzung und Wirkung des Geschmacks

Geschmack	Elemente	Wirkung – Doshas	Endergebnis	Auswirkung
SÜSS	Wasser & Erde	erhöht: K senkt: V & P	kalt	nährt, macht auch dick & träge, erzeugt Schlacken
SAUER	Wasser & Feuer	erhöht: K & P senkt: V	heiß	macht Appetit, regt Verdauung an, Gefahr: Übersäuerung
SALZIG	Erde & Feuer	erhöht: K & P senkt: V	heiß	weckt Durst & Appetit, bindet Wasser, lässt Gewicht ansteigen
SCHARF	Feuer & Luft	erhöht: V & P senkt: K	heiß	baut Fett ab, verbessert Durchblutung & Verdauung, entgiftet
BITTER	Äther & Luft	erhöht: V senkt: K & P	kalt	reguliert Appetit, senkt Lust auf Süßes, vertreibt Müdigkeit
HERB	Erde & Luft	erhöht: V senkt: K & P	kalt	reduziert Hunger, vertreibt Müdigkeit & Völlegefühl, heilend

Tabelle 1

Nahrungsmittelbeispiele

SÜSS	SAUER	SALZIG	SCHARF	BITTER	HERB
Getreide, Reis, Nudeln, Eier, Milch, Fette & Öle, Geflügel, Fisch, süße Früchte, Kürbis	Buttermilch, Jogurt, Käse, Quark (Topfen), Zitrusfrüchte, Wein, Bier, Spirituosen, Fruchtsäfte, Essig	Steinsalz, Meersalz, Käse, Meeresfrüchte, Tiefkühlkost, Fertigkost, Geräuchertes, Wurst, Gemüsebrühen, Eingelegtes	Chili, Ingwer, alter Käse, Knoblauch, Meerrettich (Kren), Paprika, rot, Rettich, Radieschen, Zwiebeln, roh, Honig	Artischocken, Melanzani, Blattgemüse, Gurken, Lauch, Salat, Spargel, Grapefruit, Passionsfrucht, Rhabarber	Karfiol, Brokkoli, Fenchel, Hülsenfrüchte, Oliven, Paprika, grün, Pilze, Zucchini, Bohnen, grün

Tabelle 2

Die Qualität der Nahrung

Neben dem Geschmack beeinflusst auch die Qualität (Guna) der Lebensmittel die Doshas. Nahrung kann schwer oder leicht, austrocknend oder ölig, heiß oder kalt sein. Huhn (leicht) und Rindfleisch (schwer) haben ebenso unterschiedliche Qualität wie Käse (schwer) und Magermilch (leicht). Der Nachgeschmack (Vipaka) nach der Verdauung sollte nur süß, sauer oder würzig sein. Diese Nachgeschmacksrichtungen sind auch beim Aufstoßen in Ordnung. Salzig, bitter oder herb deutet auf eine nicht intakte Verdauung. Die energetische Wirkung im Endstadium der Verdauung (Virya) wird mit kalt oder heiß definiert. Ein ausgeglichenes Bild sorgt für eine günstige Energiesituation im Körper.

Nahrungszubereitung

Je nach Konstitution kann rohe oder gekochte Nahrung besser aufgenommen werden. Bei der Zubereitung wird durch Wärme, Gewürze u. a. die Ausgangslage der Substanzen verändert. Dies beeinflusst aber für viele Menschen die Verdauung und die Aufnahme der Stoffe positiv.

Über die Zubereitung ist es auch möglich, unerwünschte Effekte zu mildern oder auszugleichen. Der Koch, der das Essen mit Liebe zubereitet, ist ebenso Teil der positiven Ausrichtung des Essens.

Ungekochtes und kaltes Essen kann von Pitta-Typen am besten vertragen werden, während gekochtes Essen besonders bei Kapha-Konstitution und schwacher Verdauung der richtige Ernährungsweg ist.

Nahrungsmenge

Nicht die Lust auf gutes Essen sollte die Menge bestimmen, sondern der Hunger sollte der lenkende Faktor in der Quantität sein.

Vata-Typen können größere Portionen zu sich nehmen; Pitta-Typen müssen schon sparsamer mit der Menge umgehen, Kapha-Typen müssen sich mit den kleinsten Portionen begnügen.

Eine gute Richtlinie besagt, dass zur Stillung des Hungers und zur Aufnahme der notwendigen Menge an Energie der Magen zu einem Drittel mit fester Nahrung und zu einem Drittel mit flüssiger Nahrung gefüllt werden sollte. Ein Drittel bleibt frei für die richtige Bearbeitung der Speisen im Magen.

Da die Nahrung ja immer die Doshas im Gleichgewicht halten sollte, ist es wichtig, dass diese in der richtigen Zeitspanne verdaut und als Energie aufgenommen wird.

Nahrung aus heimischer Region

Ayurvedisches Essen heißt nicht, auf indische Küche umstellen zu müssen. Die Grundprinzipien der Ayurveda-Küche können in jeder Region der Welt – Frankreich, Italien oder Österreich – verwirklicht werden.

Der Vorteil der bodenständigen Küche liegt auch wieder in der Verteilung der Elemente innerhalb einer Region im Großen und im Kleinen.

> Drei Zehntel heilt die Medizin, sieben Zehntel heilt die richtige Ernährung.
>
> (Chinesisches Sprichwort)

Gegenspieler im Ayurveda

Manche Lebensmittel vertragen sich untereinander schlecht und führen zu Fehlsteuerungen. Ein Beispiel: Milch sollte nicht nach Fisch, Rettich, Knoblauch, sauren Gurken oder Zitrusfrüchten getrunken werden.

Nicht nur die Kombination verschiedener Nahrungsmittel hat einen negativen oder sogar krankmachenden Einfluss auf den Körper, auch die Kombination von kalt und heiß ist ungünstig. Ebenso sind Qualitäten wie trocken und kalt in der Ernährung im Winter störend.

Die Einnahme von Substanzen, die das Vata stören, zu Zeiten intensiver Arbeit oder körperlich starker Beanspruchung, zählt ebenso zum Antagonismus wie die Einnahme schwerer Nahrung bei schwacher Verdauungskraft.

Der Zeitfaktor

> Die Lebenszeit, das Jahr, der Tag – alle Zeiten werden von den Doshas geprägt.
>
> Dominiert in der Jugend Kapha, folgt dann Pitta und schließlich im Alter Vata.

Darauf sollte die Ernährung abgestimmt sein. Das Kind bzw. der Jugendliche braucht mehr Energie im Wachstum, daher kommt keine Kapha-reduzierende Diät in Frage. Aber auch ein Übermaß an kalten Getränken ist in dieser eher verdauungsschwachen Kapha-Phase sicher problematisch.

Die Ernährung der mittleren Lebensjahre braucht Pitta-reduzierende Nahrung, während sie im Alter Vata-reduzierende Elemente enthalten soll.

Auch die Einteilung nach dem Kalenderjahr scheint selbst für uns Europäer logisch: Zur kalten Winterzeit sollte Vata-reduzierende Diät gegessen werden, während man im heißen Sommer Pitta-reduzierendes und im Frühling Kapha-reduzierendes Essen zu sich nehmen sollte.

Bleibt noch die Tageseinteilung. Die Hauptmahlzeit sollte in der Pitta-Zeit zwischen 10.00 und 14.00 Uhr liegen. Wenig Verdauungsfeuer haben wir von 6.00 bis 10.00 Uhr in der Kapha-Zeit. Ein üppiges Langschläferfrühstück ist nicht ideal. Ebenso ist die Zeit zwischen 18.00 und 22.00 Uhr Kapha-bestimmt und damit keine günstige Zeit für ein üppiges Essen.

Vielen Menschen zwingt die moderne Lebensweise mit ihren Arbeitszeiten sehr ungesunde Essenszeiten auf.

Unabhängig von den günstigsten Essenszeiten sollte auch berücksichtigt werden, dass das nächste Essen erst eingenommen werden sollte, wenn die vorhergegangene Mahlzeit vollständig verdaut ist.

Speisen und Getränke

Die Speisenfolge im Ayurveda unterscheidet sich grundsätzlich von den Essgewohnheiten in der westlichen Welt.

Da Vata ab der Beendigung der Verdauungsphase dominiert, ist es bei Nahrungsbeginn ebenso präsent. Es gilt daher als Grundsatz, dieses Vata durch süße Speisen zu reduzieren. Dazu zählen süße Früchte, aber auch Süßspeisen oder gekochter Reis.

Während der Mahlzeit ist Pitta erhöht und daher ist es sinnvoll, saure und salzige Speisen zur weiteren Verbesserung der Verdauung zu essen.

Kapha ist nach dem Essen dominant und daher die Verdauung schwach. Die Gabe von Speisen mit scharfem, bitterem oder herbem Geschmack zum Abschluss eines Essens verhindert ein Ansteigen von Kapha. Dies ist besonders wichtig für Menschen mit Gewichtsproblemen, da ein hohes Kapha die Speisen langsam verdauen lässt und viele Kalorien als Fett gespeichert werden.

Ebenso wichtig ist der richtige Zeitpunkt, Getränke einzunehmen. Wird nach dem Essen – Zeit der Kapha-Zunahme – viel getrunken, wird die Verdauung gebremst und damit die Gewichtszunahme gefördert.

In den meisten Fällen ist die Einnahme eines Digestivums günstig. Die Möglichkeiten reichen von einem Kräuterbitter bis zum heißen Wasser.

Agni und Ama

Agni

Gesundheit und Wohlbefinden sind auch in hohem Maße von einem funktionierenden Stoffwechsel abhängig. Für diesen Stoffwechsel ist Agni – das Verdauungsfeuer – der Motor. Agni ist einerseits über die Verdauung sichtbar, wo die Qualität des Magensaftes mit seinen sauren Eigenschaften für die Zersetzung der Mahlzeit sorgt, und die enzymreichen Verdauungssäfte im Darm die Verwertung der Nahrung und deren Umsetzung in Energie besorgen. Agni zeigt sich auch in strahlenden Augen, einem frischen Gesicht, aber auch in gesunder, glatter und glänzender Haut. Erst wenn diese Voraussetzungen gegeben sind, ist eine optimale Energiebilanz, ausreichende Nährstoffaufnahme und letztlich Gesundheit, Stärke, Ausstrahlung und Immunkraft über die ganze Lebensspanne möglich.

Ein intaktes Verdauungsfeuer garantiert uns Gesundheit und Wohlbefinden; es ist die Basis für ein ausgeglichenes Zusammenspiel der Doshas.

Agni kann gestört werden durch:

- zu umfangreiches und zu häufiges Essen
- schwer verdauliche Speisen am Abend
- eiweißreiches Essen am Abend
- chronische Krankheiten
- psychische Faktoren wie Wut, Stress, Trauer
- Änderung der Lebensumstände, z. B. Klima oder Zeit
- Essen in Kombination mit anderen Tätigkeiten

Optimale Bedingungen für Agni:

- warmes Wasser und scharfe Gewürze regen an
- Konstitution
- Tageszeit
- Jahreszeit

Eine Kapha-Dominaz zum Beispiel verlangsamt die Verdauung, Pitta hingegen schafft beste Bedingungen, Vata schafft Instabilität.

> »Deine Nahrung soll Heilmittel, deine Heilmittel sollen Nahrung sein!«
>
> Hippokrates

Ama

Die Folgen einer schlechten Unterstützung von Agni sind Schlackenstoffe, die die Energieflüsse des Körpers behindern und damit die Gesundheit gefährden.

Anzeichen für Ama können sein:

- schlechte Verdauung
- weißlicher Zungenbelag
- Mundgeruch
- geringer Appetit
- Abgespanntheit, Müdigkeit
- Schweregefühl des Körpers
- Schmerzzustände

Gesunde Ernährung für jede Konstitution

Die Ernährung nach ayurvedischen Gesichtspunkten verlangt viel Kreativität, besonders wenn eine »Doppelkonstitution« vorliegt.

Bestimmung der eigenen Konstitution

Jeder Mensch hat mit seiner Geburt bestimmte Lebensenergien »mitbekommen«, die sämtliche Abläufe auf der körperlichen oder geistigen Ebene steuern. Sie sind auch bestimmend für seine Anfälligkeit für Krankheiten. Die drei Doshas haben ihre eigenen Aufgaben. Sie steuern unser Leben, lassen uns im individuellen Gleichgewicht leben, weil sie für ein harmonisches Zusammenspiel sorgen.

Vata steuert die Bewegung auf geistiger und körperlicher Ebene. Für alles, was einer Änderung oder Umwandlung unterliegt, ist Pitta der Motor. Kapha bringt die Stabilität.

Eine individuelle Ernährung ist nur möglich, wenn die Ernährung auf die Gegebenheiten richtig ausgerichtet ist. Dabei müssen zwei Ebenen von einander getrennt werden. Die von der Natur mitgegebenen Anlagen werden durch die Lebensumstände oft überlagert.

Daher ist zu klären, welche Anlagen ein Mensch bei der Geburt mitbekommen hat. Diese Grundkonstitution ist die eine Ebene. Diese Ebene kann durch äußere Einflüsse verändert oder überlagert sein. Alle Lebensumstände haben Einfluss auf die gegenwärtige Verfassung eines Menschen genommen. Dazu zählt nicht nur die Ernährung, dazu zählen auch die Erziehung, die Lebensumstände, der Beruf, die Lebenserfahrung, der Gesundheitszustand und vieles mehr.

All das kann den Grundzustand verändert oder überlagert und die ursprüngliche Gewichtung der Doshas verschoben haben. Dann ist es notwendig, ein bestehendes Ungleichgewicht auszugleichen.

Sinnvoll ist es, das Leben nach der individuellen Anlage auszurichten, ohne dass das vorherrschende Dosha überbetont wird.

Vata-Typen sollen mit Bewegung – körperlich und geistig – und Veränderungen leben; ebenso sollen Pitta-Typen ihre Stärken leben oder Kapha-Typen so leben, wie sie es für ihre Stabilität und Geborgenheit benötigen.

Da die meisten Menschen Mischtypen sind, sind diese reinen Formen in unterschiedlicher Deutlichkeit zu erkennen.

Zur Bestimmung Ihrer eigenen Konstitution soll der folgende Fragebogen eine Hilfestellung geben.

Vergeben Sie bei jedem Merkmal jene Punktezahl, die Ihrer Persönlichkeit und Ihrem Verhalten über eine möglichst große Zeitspanne am ehesten entspricht.

3 Punkte für immer oder genau zutreffend

2 Punkte für meistens zutreffend

1 Punkt für selten oder zum Teil zutreffend

0 Punkte für gar nicht zutreffend

Die Summe der Punkte der drei Doshas werden getrennt gegenüber gestellt.

- Hat ein Dosha eine herausragende Punktezahl und sind die zwei weiteren in der Punkteanzahl sehr gering, wird ein Mensch von diesem Dosha geprägt sein.
- Liegen zwei Punktewertungen ähnlich hoch und die dritte abgeschlagen, ist ein Kombinationstyp dieser Prägung anzunehmen; die meisten Menschen sind Mischtypen.
- Ist die Verteilung annähernd gleich, ist ein Tridoshatyp wahrscheinlich. Diese Konstitution ist sehr selten.

> Vata – Bewegung
> Pitta – Änderung, Umwandlung
> Kapha – Stabilität

Tabelle zur Ermittlung der Konstitution

Fragestellung	Vata	Pitta	Kapha
Körperbau	leicht, zartgliedrig, gelenkig, hochgewachsen	schlank bis mittel, muskulös, sportliches Aussehen	kräftige, starke Statur, breit, gut geformt
Körpergewicht	gering	mittel	hoch
Körpergröße	eher groß	mittel	eher klein
Haut	trocken, fein, zart, Venen sichtbar	glatt, warm, hohe Hautfeuchtigkeit	feucht, kühl, Venen kaum sichtbar
Haare	dünn, trocken, schütter, früh grau	seidig weich, hell, leicht fettig	dick, kräftig, ölig
Nägel	schmal, dünn	weich, rosig durchscheinend	kräftig, weiß
Augen	klein, dunkel, trocken, zarte Wimpern	mittelgroß, feucht, durchdringend	groß, feucht, glänzend
Zähne	unregelmäßig, klein, perlartig	regelmäßig, mittel, scharfkantig	regelmäßig, groß, kariesbeständig

Fragestellung	Vata	Pitta	Kapha
Appetit	schwankend, normal zu Essenszeiten	groß, kann viel essen	mäßig bis regelmäßig, gutes Sättigungsgefühl
Isst gerne	süß, sauer, salzig, heiß	süß, bitter, herb, kalt	scharf, bitter, herb, heiß
Durst	trinkt wenig bis ausreichend	starkes, gesundes Durstempfinden	gering bis richtiges Maß
Stuhl	unregelmäßig, hart, hat Blähungen	weich, große Menge	regelmäßig, ölig, gut geformt
Schweiß	geringe Neigung	starke Absonderung, geruchsintensiv	kalter Schweiß, geringer Geruch
Schlaf	leicht, erfrischend, Durchschlaf-probleme	geht spät zu Bett, mittleres Schlafbedürfnis	tief und erholsam, in einem Guss
Stimme/ Sprache	flüssig, beredet	überzeugend, prägnant	ruhig, angenehm tiefe Stimme
Gedächtnis	gutes Kurzzeitgedächtnis	gut, visuell	gutes Langzeit-gedächtnis
Willenskraft	gering, wenig ausdauernd	starker Wille und Durchsetzung	ausdauernd, konsequent
Wetter	mag kein kaltes Wetter, keinen Wind	mag keine Hitze	mag kein feuchtes und kaltes Wetter
Nervosität	leicht aus der Ruhe zu bringen	manchmal instabil	gelassen, kaum aus der Ruhe zu bringen
Freizeit	gesellig, auch gerne allein	schätzt Gesellschaft und Trubel	gerne in den eigenen vier Wänden
Sport	gerne aktiv	Extremsport	Sport nur aus Vernunftgründen
Problemlösung	schiebt Probleme gerne auf	tatkräftige Lösung	löst überlegt, oder kehrt unter den Teppich

Jeder Test ist eine Momentaufnahme und zeigt nicht unbedingt den Grundzustand des Menschen auf.

Bei gesunden Menschen sollte die Konstitution durch einen Test klar erkennbar sein. Jeder Krankheitszustand wird das Bild verfälschen. Daher ist es sinnvoll, diesen Test mehrmals im Jahr durchzuführen, die Ergebnisse abzugleichen und so durch die angepasste Ernährung die Grundkonstitution zu erlangen.

Für eine ärztliche Therapie ist die genaue Bestimmung immer unerlässlich. Dem geübten Ayurveda-Arzt stehen aber mit der Pulsdiagnose und anderen Untersuchungsmethoden verschiedene Möglichkeiten zur Feststellung der Doshas zur Verfügung.

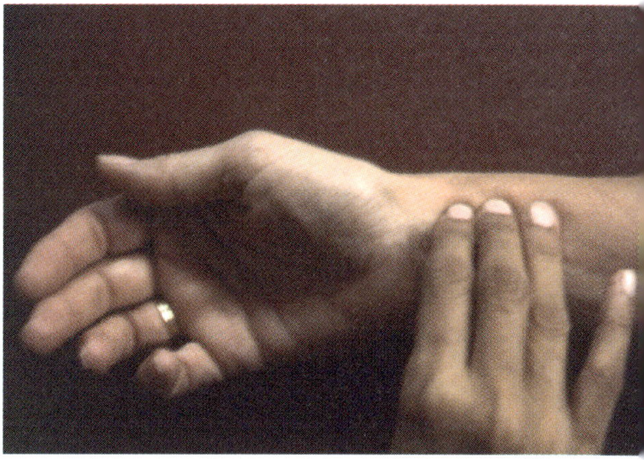

Pulsdiagnose

Dieses Diagnoseverfahren wird von Ayurveda-Ärzten praktiziert, nicht um – wie in der westlichen Medizin – die Pulsfrequenz zu messen, sondern um das vorherrschende Dosha zu finden und zu definieren.

Bei Frauen wird am linken, bei Männern am rechten Handgelenk der Puls gemessen. Der Ayurveda-Arzt macht dies mit drei Fingern, dem Zeige-, dem Mittel- und dem Ringfinger. Die drei Finger legt er nebeneinander mit gleich großem – möglichst geringem – Druck am Patienten an.

Über den Zeigefinger definiert sich Vata, am Mittelfinger Pitta und am Ringfinger Kapha.

Die Art, wie sich der Puls anfühlt, wird von den Ärzten mit der Bewegung von Tieren verglichen.

Pitta wird als Puls beschrieben, der sich hüpfend bewegt wie ein Spatz oder ein Frosch.

Der Vata-Puls ähnelt der Bewegung einer Schlange.

Der Kapha-Puls ist gleichmäßig und langsam wie die Bewegung eines Schwans.

Der Puls wird von verschiedenen Umständen beeinflusst, wie Nahrungsaufnahme, psychischer Zustand oder körperliche Krankheiten.

Ein Ayurveda-Arzt braucht eine lange Ausbildung an der Seite eines Könners, um die Pulsdiagnose zu erlernen und muss dann viel Erfahrung sammeln, um den Puls richtig interpretieren zu können.

Auch bei der Ernährung sind die Doshas ausschlaggebend; falsche Ernährung kann das eine oder andere Dosha überschießen lassen. Nahrungsmittel werden den Doshas zugeordnet, d. h. sie sind dem einen Dosha zuträglich, für ein anderes ungünstig. Aber mit richtiger – oder bewusster – Ernährung kann man Krankheiten oder Befindlichkeitsstörungen günstig beeinflussen. Das heißt aber nicht, dass man verschiedene Dinge nicht essen darf, man sollte sich aber bewusst sein, dass das eine oder andere Nahrungsmittel ungünstig ist und daher nur in kleinen Mengen oder selten genossen werden sollte.

Die Ernährung hat nun sowohl einen Einfluss auf die Konstitution, kann aber auch gezielt zur Behebung einer Störung eines Doshas eingesetzt werden.

D. h. liegt z. B. eine Vata-Störung vor, ist so lange eine Vata-reduzierende Diät angezeigt, bis die Störung behoben ist. Hat der Betreffende auch eine Vata-Konstitution, ist diese Diät konsequenter zu befolgen und nach der Behebung der Störung auf die Konstitution abgestimmt weiterzuführen.

Die Vata-reduzierende Diät

Die Probleme, die bei Vata-Störungen auftreten, sind:

- depressive Verstimmung
- Nervosität, Schlafstörungen
- Blähungen, Verstopfung
- trockene Haut
- prämenstruelle Beschwerden
- schlechte Durchblutung
- rheumatische Beschwerden
- Abmagerung

Zur Besänftigung der Elemente Luft und Äther, die Vata bestimmen, ist jene Nahrung von Vorteil, die die fehlenden Elemente Erde, Feuer und Wasser beinhaltet. Die Nahrung muss demnach die ausgleichenden Geschmacksrichtungen süß, sauer und salzig bevorzugen, soll wärmend, befeuchtend und nahrhaft sein. Daher sind warme Mahlzeiten – 3-mal am Tag – anzustreben.

Auf Lebensmittel, die Allergien auslösen können, ist besonders zu achten und Augenmerk ist auch auf reichliche Flüssigkeitszufuhr zu lenken. Warme Getränke wie karminativer oder beruhigender Tee oder Lassi (ein Getränk aus Jogurt und Fruchtmark) und Gemüse- oder Fruchtsäfte sind bei dieser Diät günstiger als reines Wasser.

Alkohol ist zu meiden, ein Gläschen Rotwein zu einem Essen ist aber möglich. Kaffee und heiße Schokolade sollten aber wegen ihrer belebenden Wirkung nicht konsumiert werden.

Bevorzugte Lebensmittel sind:

- Weizen, Dinkel, Reis, Mais, Hirse, Gerste, Tofu
- Karotten, Süßkartoffeln, Avocados, Rote Rüben, Knoblauch, Artischocken, Kürbis, reife Tomaten
- Orangen, Grapefruit, Ananas, Erdbeeren, Himbeeren, Papayas, Pfirsiche, Äpfel, Mandeln, Walnüsse, Kürbiskerne, Pistazien
- Kürbiskernöl, Olivenöl, Sonnenblumenöl
- Kümmel, Nelken, Zimt
- Milch, Jogurt, Käse, Butter
- Kandiszucker, Ahornsirup, Honig, Palmenzucker

Die Pitta-reduzierende Diät

Wenn Pitta erhöht ist, sind folgende Probleme möglich:

- Hautkrankheiten
- frühzeitig graues Haar
- Entzündungen
- Fieber
- Magengeschwüre
- innere Blutungen
- Leber-Galle-Störungen
- Neigung zum Schwitzen

Die Elemente Feuer und Wasser müssen durch Luft, Äther und Erde ausgeglichen werden. Deshalb muss die Nahrung süß, bitter und herb, befeuchtend, nahrhaft und kühlend sein.

Um nicht Öl ins Feuer zu gießen sind scharfe, salzige und saure Speisen zu reduzieren und ölige, trockene, heiße Speisen zu meiden.

Da Pitta-Personen oft »Workoholics« sind, verschieben sie gerne ihre Essenszeiten oder haben keine Zeit zum Essen. Regelmäßigkeit wäre auch hier angebracht.

Um das heiße Element Feuer zu kühlen, sollte die Ernährung viel Flüssigkeit beinhalten. Fett und Öl sind ungünstig, ebenso zu viel Alkohol. Am ehesten ist Bier geeignet – und das mit wenig Alkohol.

Der Flüssigkeitsbedarf sollte mit süßen Fruchtsäften oder leicht bitteren Tees, Milch, Mineralwasser oder Wasser gestillt werden.

Die prinzipiell gute Verdauungskraft der Pitta-Menschen verleitet dazu, alles zu essen, was sich anbietet. Die Gefahr liegt darin, dass sich Ama (Schlackenstoffe) bildet, das auch für die Hautprobleme der Pitta-Störung verantwortlich ist.

Bevorzugte Lebensmittel sind:

- Weizen, Dinkel, Reis
- Bohnen, Tofu, Sojabohnen
- Brokkoli, Süßkartoffeln, Endivien, Artischocken, Gurken, Kohl, Erbsen, Kürbisse, Pilze
- Süße Trauben, Äpfel, Birnen, Melonen, Pfirsiche, Himbeeren, Mangos, Granatäpfel
- Koriander, Kurkuma, Kümmel, Kreuzkümmel, Gemüsesalz
- Milch, Schlagrahm, Hüttenkäse, Butter
- Kandiszucker, Birnendicksaft, Palmenzucker

Unbedingt vermeiden sollte man:

- weißen Zucker, Schokolade
- würzigen, reifen Käse, Chili, Senfsamen, Erdnüsse, rohe Zwiebel, Knoblauch

Die Kapha-reduzierende Diät

Die Kapha-Störungen und die Kapha-Konstitution begünstigen folgende gesundheitlichen Probleme:

- Husten, Bronchitis
- Nebenhöhlenprobleme, vermehrte Schleimbildung
- Esslust, Gewichtsprobleme
- Diabetes
- Bluthochdruck, Herzinfarkt
- Wasser im Gewebe
- übermäßiges Schlafbedürfnis
- Lethargie, Trägheit

Die beiden Elemente Wasser und Erde, die Kapha prägen, sind mit Feuer, Luft und Äther zu besänftigen. Erreicht wird dies durch die Geschmacksrichtungen scharf (würzig), herb (zusammenziehend) und bitter, aber auch durch austrocknende, leichte und wärmende Nahrungsmittel.

Eine Kapha-reduzierende Diät wird schon dadurch deutlich erschwert, dass viele der Grundnahrungsmittel süß im Geschmack sind; dies führt zu einer Erhöhung von Kapha. Da aber auch bei Kapha-Konstitution und -störung eine ausgewogene Ernährung mit Kohlenhydraten, Proteinen und Fetten notwendig ist, muss die Menge der Nahrungsmittel deutlich eingeschränkt werden.

Die mengenmäßige Einschränkung der Mahlzeiten kann durch einige andere Maßnahmen unterstützt werden.

- ein Fasttag pro Woche
- absolut kein Mittagsschlaf
- wenig Flüssigkeit beim Essen
- kein Trinken nach dem Essen
- tagsüber Wasser oder häufig würzigen Kräutertee trinken

Als Ausgleich für diese fast »unmenschlichen« Einschränkungen sind Kaffee und Schwarztee – ungezuckert – erlaubt und haben einen günstigen Effekt.

Günstige Lebensmittel sind:

- Buchweizen, Tofu, Roggen, Mais, Hirse, Bohnen
- Sellerie, Spargel, Artischocken, Knoblauch
- Endivien, Rettich, Rote Rüben, Kartoffeln, Grüne Bohnen
- Trockenfrüchte, gekochte Äpfel und Birnen
- Orangen, Grapefruit, Ananas
- alle scharfen Gewürze
- Buttermilch, Molke
- alter Honig (über sechs Monate)

Lang ist auch die Reihe der Lebensmittel, die gemieden werden sollen:

- Zucker, auch Süßstoffe
- tierische Produkte
- Öle, Fette
- Salz und Meersalz
- Erdnüsse, Bananen
- Weizen, Dinkel, Vollreis

Aus diesen Aufstellungen wird etwas deutlich sichtbar: Liegt nur eine Störung vor, ist alles noch relativ einfach und überschaubar. Wenn aber mehr als ein Dosha gestört ist oder eine Doppelkonstitution vorliegt, wird die Kochkunst immer stärker gefordert.

Das Kochen innerhalb einer Familie erfordert natürlich auch etwas Fingerspitzengefühl, damit die individuellen Konstitutionen oder Störungen berücksichtigt werden können.

Aber wie bei so vielen Dingen im Leben – die Beschäftigung mit dem Problem macht erfinderisch und kreativ.

Der Erfolg, der sich bei einer konsequenten Berücksichtigung der ayurvedischen Ernährungsformen einstellt, verleiht diesen Bemühungen sicher Flügel und dem Leben mehr Qualität und Energie.

Ayurvedisch kochen

Ayurvedisch kochen bedeutet, Speisen, gemäß der jeweiligen Konstitution, zuzubereiten.

Tatsächlich sollte man ayurvedische Kochrezepte von der Lehre in ihrer Vielschichtigkeit nicht abkoppeln. Die Speisen schmecken zwar auch dann vorzüglich – aber das Verständnis beim Kochen und einen echten gesundheitlichen Gewinn wird man nur dann haben, wenn man sich mit der gesamten Materie auseinandersetzt. Dann werden das Kochen und das Essen zum Vergnügen.

Verschiedene Konstitutionstypen erfordern also unterschiedliche Geschmacksrichtungen. Das klingt sehr nach aufwändigem Kochen, ist es aber nicht. Die meisten Speisen können den unterschiedlichen Bedürfnissen angepasst werden.

Wie schon in den Kapiteln über die Ernährung nach ayurvedischen Grundsätzen beschrieben wurde, geht es bei der ayurvedischen Küche nicht nur um das Stillen elementarer Bedürfnisse wie Hunger und Durst, sondern um den Ausgleich und die Harmonisierung von Gegensätzen. Die Speisen, die der Mensch zu sich nimmt, haben einen ganz besonderen Stellenwert. Speisen, die gemäß der Doshalehre einem Menschen zuträglich sind, fördern und erhalten die Gesundheit, während die unpassenden Speisen sogar krank machen können.

Über die drei Doshas und ihre Kennzeichen, über die Geschmacksrichtungen (Rasa), über das Verdauungsfeuer (Agni) und die Schlackenstoffe (Ama) ist berichtet worden. Jetzt gilt es, dies alles unter einen Hut zu bringen und zu kochen. Auf den ersten Blick hat es den Anschein, dies sei ein mehrdimensionales Unterfangen.

Fett, Kohlenhydrate, Eiweiß

- Kapha braucht wenig Fett und Kohlenhydrate
- Pitta braucht wenig Fett
- Vata reichlich Fett, Kohlenhydrate und Eiweiß

> Ghee (reines Butterschmalz) gilt im Ayurveda als Lebenselexier und Verjüngungsmittel.
>
> Es ist ein ideales Fett für alle drei Konstitutionstypen.

Gewürze

Man kann die Speisen neutral zubereiten und die entsprechenden Gewürze und Salz nachher dazugeben, um sie den einzelnen Konstitutionstypen anzupassen.

- Um Kapha zu reduzieren, sollen scharfe Gewürze wie Chili, Pfeffer, Ingwer und Senfkörner – in Öl angebraten – verwendet werden, aber wenig Salz.
- Pitta braucht auch wenig Salz, Gewürze wie Koriander, Kümmel, Kurkuma und Ingwer sollen in Ghee angebraten werden.
- Vata braucht Gewürze, die Blähungen verhindern und die Verdauung fördern wie Ingwer, Kümmel, Koriander und Pfeffer, in reichlich Ghee oder Öl angebraten; auch mit Salz sollte man nicht sparen.

Die Geschmacksrichtungen

Ausgehend von den Geschmacksrichtungen soll der »Sprung in die Praxis« versucht werden.

Süß gibt Kraft und Zufriedenheit

- Dazu gehören unsere bevorzugten Grundnahrungsmittel wie Getreide, Kartoffeln und Brot. Sie enthalten Kohlenhydrate, die im Stoffwechsel zu Zucker umgewandelt werden, also unser wichtigster Energielieferant sind. Zucker nimmt man besser in Form vollwertiger Getreideprodukte zu sich, die nicht gleich in die Fettdepots wandern. Raffinierter Zucker sollte eingeschränkt und stattdessen Rohrohrzucker, Ahornsirup oder Honig verwendet werden; Honig ist ein besonderer Fall: Er ist zwar süß, wirkt aber erhitzend, verstärkt Vata und reduziert Kapha. Honig sollte man nicht erhitzen.

Süß im Allgemeinen stärkt Kapha, reduziert Pitta und Vata.

Salzig macht durstig

- Salz sollte mit Bedacht verwendet werden. Es ist ja in so manchem Nahrungsmittel in versteckter Form enthalten. Es macht durstig, regt den Appetit an und bindet Wasser im Körper. Eine

Ausnahme ist Tamari, eine Würze auf Soyabasis, die in Asialäden zu bekommen ist; sie bindet kein Wasser im Körper.

Salzig verstärkt Pitta und Kapha und reduziert Vata.

Sauer ist appetitanregend

- Der saure Geschmack ist mit Pitta verbunden, das für die Verdauungskraft steht. Sauer regt die Verdauungssäfte an; ein Zuviel ist auch hier ungesund, denn es übersäuert und verschlackt den Organismus. Einige Lebensmittel, die man nicht auf den ersten Blick als sauer einstufen würde, werden im Körper zu sauren Stoffwechselprodukten umgewandelt, wie z. B. Fleisch oder Milchprodukte im Übermaß. Eine Ausnahme ist die Zitrone; sie erhitzt nicht, sondern kühlt – wie auch andere Zitrusfrüchte.

Sauer verstärkt Pitta und Kapha und reduziert Vata.

Scharf fördert die Verdauung

- Scharfe Gewürze wie Chili oder Ingwer regen den Stoffwechsel an, fördern den Fettabbau, wirken entgiftend und entschlackend. Bei Magenerkrankungen muss man damit sehr vorsichtig umgehen. Eine Ausnahme ist der Ingwer; er verstärkt die Verdauungssäfte, ohne Pitta zu vermehren.

Scharf verstärkt Pitta und Vata und reduziert Kapha.

Bitter entgiftet

- Blattsalate, verschiedene Gemüsesorten, aber auch Heilpflanzen dieser Geschmacksrichtung – wie z. B. Löwenzahn, Brennnessel oder Zinnkraut – regen Leber und Galle an und fördern die Verdauung, wirken entgiftend und reinigend. Bitter verringert den Speichelfluss, trocknet aus und verringert auch den Appetit. Eine Ausnahme ist die in der ayurvedischen – und auch asiatischen – Küche gerne verwendete Gelbwurz, die ein Bestandteil von Currymischungen ist; sie wirkt nicht kühlend, sondern erhitzt.

Bitter verstärkt Vata und reduziert Pitta und Kapha.

Herb wirkt austrocknend

- Der Geschmack beruht auf einem Gehalt an Gerbstoffen; man nennt diese Geschmacksrichtung auch zusammenziehend. Herb beugt Wasseransammlungen im Gewebe vor. Die Geschmacksrichtung findet sich in vielen Heilkräutern, wie Salbei, Enzian oder Johanniskraut, aber auch in Früchten wie Äpfeln oder Heidelbeeren. Auch Hülsenfrüchte oder Kohl gehören in diese Gruppe. Eine Ausnahme ist der Granatapfel, der Kapha vermehrt.

Herb verstärkt Vata und reduziert Pitta und Kapha.

Wenn man sich mit der Materie ein bisschen intensiver auseinandersetzt, sieht man mit Erstaunen, dass die Regeln der Ayurveda-Ernährung und Ansichten über gesunde Ernährung, wie sie von verschiedenen Strömungen in der westlichen Welt vertreten werden, nicht so weit von einander entfernt sind.

Grundregeln

> Die Mahlzeiten sollten frisch und mit Liebe gekocht werden; die Energie des Kochs oder der Köchin überträgt sich auf die Speisen.

Die Hauptmahlzeit sollte zu Mittag eingenommen werden; am Abend ist bei den meisten Menschen das Verdauungsfeuer schwach, so dass nur ein leichtes Gericht gegessen werden sollte. Deshalb soll man auch den Vitaminbedarf mit Obst oder Salat zu Mittag decken; Rohkost ist zu dieser Tageszeit am besten verträglich. Eine Ausnahme sind die Menschen, bei denen Pitta überwiegt – das sind die, die zu jeder Tages- und Nachtzeit essen können und alles gut vertragen.

Gemüse sollte schonend gegart werden.

Warme Speisen sind bekömmlicher als kalte.

Milch sollte nicht zum Essen getrunken werden, sondern gilt als Nahrungsmittel.

Tiefkühlkost, Mikrowelle und Fertiggerichte sollten eingeschränkt verwendet werden, da bei diesen Vorgängen des Haltbarmachens und der Zubereitung die Energie der Nahrungsmittel verloren geht. Auch mehrmaliges Aufwärmen ist zu vermeiden.

Die Art der Zubereitung verändert ein Nahrungsmittel erheblich und ist auf die einzelnen Doshas abzustimmen. Ein Apfel beispielsweise wird von Pitta aufgrund des Verdauungsfeuers roh gut vertragen, während er von Vata lieber gekocht und von Kapha getrocknet gegessen werden soll.

Die Einnahme der Mahlzeiten sollte in einer ruhigen, harmonischen Atmosphäre geschehen. Man sollte sich auf das Essen konzentrieren und daneben nichts anderes machen, wie z. B. Fernsehen oder Lesen. Die Speisen sollen gut gekaut und nicht hastig verschlungen werden.

Im Ayurveda wird empfohlen, dreimal am Tag zu essen und keine Zwischenmahlzeiten einzunehmen. Zwischen den Mahlzeiten sollten ca. fünf Stunden liegen; zwei Stunden vor dem Schlafengehen sollte man das letzte Mal essen.

Die Mahlzeiten, die man über den Tag verteilt zu sich nimmt, sollten alle Geschmacksrichtungen – und seien es auch nur Spuren – enthalten.

Fette und Öle

Fette oder Öle sollten sparsam verwendet werden. In der indischen und ayurvedischen Küche wird zum Kochen vorzugsweise Ghee verwendet. Dies ist reines Butterschmalz ohne Wasser und Eiweißrückstände. Man kann Ghee in Spezialgeschäften kaufen oder ganz einfach selber machen. Man schmilzt 250 g Butter in einem Topf bei mittlerer Hitze und bringt sie zum Köcheln bis sie Schaum bildet (das ist das Wasser, das verkocht); man reduziert die Hitze und lässt weiter köcheln, rührt aber nicht um. Nach ca. 12 Minuten hat sich ein leichter brauner Bodensatz gebildet (das ist das Eiweiß, das sich abgesetzt hat). Das Ghee ist fertig, wenn das Wasser vollständig verdampft ist; es ist klar und goldgelb. Nach dem Abkühlen gießt man durch Küchenpapier in ein Tongefäß ab und lässt das Ghee kühl und dunkel stehen; es hält viele Monate. Ghee sollte man immer mit einem sauberen und trockenen Löffel entnehmen; es kann sonst schimmelig werden.

Ghee wird im Ayurveda nicht nur als Speisefett, sondern auch als Heilmittel gesehen und bei Kuren auch zu therapeutischen Zwecken verwendet.

Die Gewürze

Eine besondere Bedeutung kommt den Gewürzen zu. Sie gleichen aus und geben den Speisen die richtige Ausrichtung in Bezug auf die Doshas. Gewürze gelten auch als Heilmittel.

Sie werden einzeln, aber auch in ganz speziellen Mischungen, den so genannten Churnas, verwendet. Diese Mischungen sind auf die Doshas abgestimmt. Während man die einzelnen Gewürze meist schon in gut sortierten Supermärkten erhält, wird man die Mischungen eher in Spezialgeschäften zu kaufen bekommen. Sie können aber auch selbst zubereitet werden.

Das Besondere an der Verwendung der Gewürze ist, dass sie stets angeröstet werden. Auch wenn man einzelne Gewürze, wie Senfsaat, Kreuzkümmel oder Bockshornkleesamen verwendet, röstet man sie an, bis sie platzen, was nur einige Sekunden dauert. Nur so werden ihre Wirkstoffe in gewünschter Weise freigesetzt.

Hier ein Rezept für eine Tridosha-Mischung, das ist eine Mischung, die alle Geschmacksrichtungen enthält und für alle drei Doshas gleichermaßen geeignet ist:

Je 1 EL schwarze Senfkörner, Bockshornkleesamen, Kreuzkümmel, Fenchel- und Korianderfrüchte, Kurkuma und gemahlener Ingwer, je 1 TL Chilipulver, schwarze Pfefferkörner und Meersalz, 3 Lorbeerblätter und 3 EL Kokosflocken. Die nicht gemahlenen Gewürze, die Lorbeerblätter und die Kokosflocken werden 5 Minuten geröstet und nach dem Abkühlen fein gemahlen; dann werden die restlichen, schon pulverisierten Gewürze dazugemischt.

Die indisch-ayurvedischen Gewürze zaubern natürlich ein eigenes exotisches Flair, aber auch unsere europäische Küche hat durchaus ihre Vorzüge.

So können die einzelnen, konstitutionsspezifischen Churnas durchaus mit »westlichen«, uns besser vertrauten Gewürzen hergestellt werden.

Ein Kapha-Churna kann dann z. B. aus Cayennepfeffer, Galgant, Muskat, Estragon, Kümmel, Oregano, Piment, Thymian und Wacholderbeeren bestehen.

Pitta-Churna wird aus Dill, Kümmel, Pfefferminze, Pfeffer, Rosmarin und etwas Zimt hergestellt.

Vata-Churna enthält Anis, Basilikum, Kümmel, Majoran, Oregano, Piment und Lorbeerblätter.

Die Getränke

Im Ayurveda nimmt man vorzugsweise warme Getränke zu sich; zumindest sollten sie Raumtemperatur haben.

Die Doshas sollten Getränke in unterschiedlichen Mengen und von unterschiedlichen Temperaturen zu sich nehmen.

Für Vata empfehlen sich bis zu 3 Liter warme Geränke, für Pitta bis zu 2 Liter mäßig warme oder sogar kühle Getränke und für Kapha ca. 1,5 Liter heiße Getränke. Getränke – wie auch Speisen – direkt aus dem Kühlschrank sind in jedem Fall tabu.

Verschiedene Teemischungen, die auf die Doshas abgestimmt sind, werden zu den passenden, den Doshas angepassten, Tageszeiten getrunken. Säfte oder Lassi, ein Jogurtgetränk mit Fruchtmark, oder Hibiskusblütentee werden temperiert, niemals kalt, angeboten.

Auch das Wasser wird warm oder sogar heiß getrunken. Niemals sollte man zum Essen oder unmittelbar davor oder danach trinken, denn dadurch wird das Verdauungsfeuer geschwächt; Aufstoßen, Blähungen oder Völlegefühl können die Folge sein.

Ernährung der einzelnen Konstitutionstypen

Vata

- Das Frühstück ist für Vata sehr wichtig, es liefert die Energie für den ganzen Tag. Warmer Getreidebrei, gedünstetes oder auch frisches Obst sind zu empfehlen.
- Zum Mittagessen sind Reis und leichte Gemüsegerichte bekömmlich, auch Süßspeisen sind gut. Ein Vata-Typ darf auch zwischendurch naschen, da sein Agni nicht so stabil ist. Tierisches Eiweiß sollte nur mäßig verwendet werden.
- Zum Abendessen ist eine warme Suppe vorteilhaft; auch Teigwaren oder Kartoffeln.

Der Vata-Typ verträgt Karotten, Kürbis und Lauch, aber auch Artischocken, Oliven, Tomaten und Zucchini gut.

Brot sollte mit Sauerteig zubereitet sein; Dinkel, Hafer und Weizen sind bekömmlich, ebenso wie rote Linsen oder Sojabohnen.

Obst soll frisch und süß-sauer sein, also Zitrusfrüchte, Aprikosen (Marillen), Kiwis, Rhabarber und Trauben sind z. B. gut verträglich.

Auch Milchprodukte – besonders saure – werden meist gut vertragen; tierisches Eiweiß ist in Form von Fischen oder Geflügel anzuraten.

Zucker soll vom Vata-Typ nur sparsam verwendet werden.

Pitta

- Zum Frühstück ist der Pitta-Typ hungrig und braucht eine kräftige Mahlzeit; Getreidebrei, entsprechende Süßungsmittel, aber auch Toast mit Butter und Honig sind gut. Brot wird in der Ayurveda-Ernährung wegen der besseren Verträglichkeit durchwegs getoastet gegessen.
- Vor dem Mittagessen sollte etwas Süßes gegessen werden – oder der Nachtisch zuerst. Ansonsten ist ein kräftiges Mittagessen mit Getreide, Hülsenfrüchten, Gemüse und Salat ein notwendiger Energiespender.
- Am Abend ist Wurzelgemüse besonders bekömmlich.

Für Pitta-Typen sind grüne Blattgemüsesorten, Gurken, Kohlarten, Mais, Spargel und verschiedene Salatsorten – also herbes Gemüse – sehr bekömmlich.

Basmatireis, Gerste, Hafer und Weizen sind die bevorzugten Getreidesorten. Auch Linsen, Kichererbsen und Sojabohnen sind anzuraten.

Ananas, süße Beeren, Pflaumen, Rosinen und überhaupt Trockenobst sollen bevorzugt verwendet werden.

Milchprodukte sollen möglichst salzarm sein; darauf ist besonders bei Käse zu achten. Bei Fleisch wird auch hier dem hellen Geflügelfleisch der Vorzug gegeben.

Süßes ist für Pitta wichtig; auf die Qualität des Süßungsmittels soll natürlich geachtet werden.

Kapha

- Der Kapha-Typ sollte spät oder gar nicht frühstücken.
- Zu Mittag gehören scharfe, das Verdauungsfeuer anregende Gewürze und bittere Gemüse auf den Tisch. Ein Nachtisch ist nicht zu empfehlen.
- Für das Abendessen eignen sich Getreide und Gemüse am besten. Kapha-Typen sollten keine Zwischenmahlzeiten zu sich nehmen und nicht zu spät am Abend essen.

Artischocken, Gurken, alle Kohlsorten, Zwiebel, Knoblauch, Spargel, grüne Blattgemüse und grüne Bohnen sind für den Kapha-Typ geeignet. Getreideflocken wie Dinkel- oder Haferflocken sind besser als ganzes Getreide, aber auch Buchweizen, Hirse oder Amaranth sind gute Möglichkeiten der Ernährung, ebenso wie Linsen, Bohnen oder Erbsen.

Eher herbe Obstsorten werden empfohlen, wie Äpfel, Grapefruit, Johannisbeeren oder blaue Trauben.

Milchprodukte sollten fettarm sein; tierische Produkte sollten auf Fische und mageres rotes Fleisch beschränkt werden.

> Bei allen Mischtypen – die meisten Menschen sind das – ist die Sache natürlich komplizierter. Man orientiert sich in diesem Fall nach dem vorherrschenden Dosha, was von Zeit zu Zeit, aber auch in den Jahreszeiten unterschiedlich sein kann.

Getränke

Gewürztrunk

Je 1 EL schwarzer Pfeffer und Ingwerpulver werden gemischt, eine Messerspitze davon mit einem halben Glas warmem Wasser vermischen und trinken.

> Er wird häufig vor den Mahlzeiten genommen, um das Verdauungsfeuer anzuregen.

Roter Blütentrunk

4 gehäufte EL Hibiskusblüten mit 1/2 Liter kochendem Wasser übergießen und stehen lassen bis der Tee erkaltet ist. Mit etwas Zucker süßen und den Saft von ein bis zwei Limonen hinzufügen.

> Ist für alle Doshas geeignet, besonders aber für Pitta.

Lassi

Naturjogurt wird mit der gleichen Menge Wasser, etwas Rohrohrzucker und Fruchtmark gemixt und mit etwas Zimt und Kardamom gewürzt und bei Zimmertemperatur getrunken.

> Ist für Vata und Pitta geeignet und regt den Appetit an.

Trockenobstsaft

100 g gemischtes Trockenobst wird mit etwas Nelken-, Ingwer- und Zimtpulver in 1/2 Liter Wasser eingeweicht und einige Stunden stehen gelassen. Dann wird alles gemixt, mit Palmzucker gesüßt und nochmals eine Stunde stehen gelassen. Vor dem Trinken kann man noch mit lauwarmem Wasser verdünnen.

> Reduziert Vata und Kapha, stärkt Pitta.

Suppen – Vorspeisen – Chutneys

Rote-Rüben-Suppe

1 Zwiebel
4 Rote Rüben
1 daumengroßes Stück frischer Ingwer
2 EL Ghee
1/2 l Gemüsebrühe
1/2 l Kokosmilch
etwas Apfelessig, Honig, Salz, Koriander

Den gehackten Zwiebel in Ghee glasig dünsten, den gewürfelten Ingwer und die gewürfelten Roten Rüben zugeben und mitdünsten; dann mit Apfelessig ablöschen. Mit der Gemüsebrühe aufgießen und so lange kochen lassen, bis die Roten Rüben weich sind.

Die Suppe pürieren, dann den Honig und die Kokosmilch zugeben und mit Salz abschmecken. Zum Schluss die feingehackten Korianderblättchen über die Suppe streuen.

Gut für Vata und Pitta, eher zu meiden bei Kapha.

Kürbis-Kokos-Suppe

1 Zwiebel
1 Stück Ingwer
500 g gelber Kürbis, eventuell Butternuss
2 EL Ghee
1/2 l Kokosmilch
1/2 l Gemüsebrühe
Currymischung, bestehend aus Korianderfrüchten, Kreuzkümmel, Pfefferkörnern, Senfsammen und etwas Zimt
Salz, Kokosraspeln

Den gehackten Zwiebel in Ghee glasig dünsten, die Currymischung dazugeben und kurz anrösten; dann den fein gewürfelten Ingwer und den gewürfelten Kürbis dazugeben und einige Minuten mitdünsten.

Mit der Gemüsebrühe und der Kokosmilch aufgießen und kochen, bis die Kürbiswürfel weich sind. Die Suppe pürieren, mit Salz abschmecken und mit Kokosraspeln bestreuen.

Gut für Vata und Pitta, eher nicht bei Kapha.

Mangochutney

1 große Mango
2 Knoblauchzehen
1 Stück Ingwer
50 g Rohrohrzucker
200 ml Essig

Knoblauchzehen und Ingwer fein hacken, zusammen mit der feingewürfelten Mango und dem Zucker in einer Pfanne erwärmen, mit Essig ablöschen und unter Rühren einkochen lassen. Heiß in Gläser füllen und verschließen.

Chutneys haben über die indische Küche schon seit längerer Zeit bei uns einen festen Platz gefunden. Sie sind schmackhafte, pikante Beilagen zu den verschiedensten Gerichten und werden bei uns auch mit heimischen Zutaten hergestellt.

Man muss beachten, dass sie sich nicht sehr lange halten.

Während einer Ayurveda-Kur soll man sie nur sehr sparsam zu sich nehmen, da sie aufgrund der Zubereitung mit Essig viel Säure enthalten.

> Für Vata und Pitta gut, eher nicht für Kapha.

Chapati

250 g Mehl
50 g weiches Ghee
Wasser, Salz
Ghee oder Öl zum Ausbacken

Aus den Zutaten in einer Schüssel einen weichen Teig kneten; kleine Kugeln formen, aus denen man dünne Fladen ausrollt. Die Fladen werden in wenig Ghee oder Öl von beiden Seiten gebräunt. Zu Chapati isst man verschiedene Chutneys.

> Gut für Pitta, eher nicht bei Vata und Kapha.

Kokoschutney

2 Knoblauchzehen
1 Stück Ingwerwurzel
250 g Kokosflocken
50 g Rohrohrzucker
100 ml Essig
Kokosmilch

Die Kokosraspeln in Kokosmilch einweichen; Knoblauchzehen und Ingwer fein hacken, in einer Pfanne zusammen mit dem Zucker und den Kokosflocken langsam erhitzen, mit Essig ablöschen und ca. 20 Minuten einkochen. Heiß in Gläser füllen.

> Für Pitta gut, eher nicht für Vata und Kapha.

Spinatsuppe

1 kg frischer Spinat
2 Knoblauchzehen
1 Stück Ingwer
2 EL Ghee
1 l Gemüsebrühe
1/2 l Kokosmilch
Saft von einer Limone, Salz und Pfeffer

Den gewürfelten Knoblauch mit dem gewürfelten Ingwer und dem Spinat in Ghee dünsten, mit Gemüsebrühe und Kokosmilch ablöschen, mit Salz und Pfeffer würzen und etwas kochen lassen. Nach dem Pürieren mit dem Limonensaft abschmecken.

Gut für Kapha, eher nicht bei Pitta und Vata.

Gemüsepakora

Gemüse wie Karfiol, Karotten, Zwiebel, Porree und Weißkraut in sehr kleine Stücke schneiden oder zerteilen und vermischen. Zusammen mit gehacktem Ingwer, Salz, Petersilie, Koriander- und Fenchelfrüchten, Mehl und Wasser zu einer geschmeidigen Masse verarbeiten. Kleine Häufchen der Masse in heißem Öl oder Ghee knusprig ausbacken. Dazu passen verschiedene Chutneys.

Gut geeignet für Vata, in kleinen Mengen für Pitta, eher nicht für Kapha.

Hauptspeisen

Hauptspeisen sind in der Ayurvedaküche sehr häufig vegetarisch.

Aber auch Fische – sowohl Meeres als auch Süßwasserfische – werden gerne gegessen.

Bei Fleischgerichten wird man am häufigsten Geflügel finden, hin und wieder auch Lamm oder Wild, sehr selten Rindfleisch, Schweinefleisch überhaupt nicht.

Sehr häufig werden Hauptgerichte als so genannte Currys zubereitet. Darunter versteht man Gerichte, deren Zutaten, in mundgerechte Stücke zerteilt, mit Gewürzen und Kokosmilch gegart werden.

Currys können vegetarisch zubereitet werden, aber auch wohlschmeckende Fisch- oder Fleischgerichte sein.

Linsencurry mit Spinat

500 g Gelbe Linsen
500 g Spinat
1 Zwiebel
2 Knoblauchzehen
1 Stück Ingwer
2 EL Ghee
1 El schwarzer Senfsamen
500 ml Kokosmilch
etwas Kurkuma, Salz, Korianderblätter

Zwiebel, Knoblauch und Ingwer hacken und zusammen mit Kurkuma und Senfsaat in Ghee anrösten. Dann die Linsen beigeben, einige Minuten unter Umrühren dünsten und salzen. Kokosmilch dazugeben und 20 bis 30 Minuten kochen lassen. Danach den Spinat dazugeben und weiterkochen bis die Linsen weich sind. Zum Schluss die Korianderblätter grob gehackt darüber streuen.

> Gut für Pitta und Kapha, eher nicht bei Vata.

Kokos-Fisch-Curry

500 g weißer Fisch
1 rote Zwiebel
1 Knoblauchzehe
2 EL Ghee
2 EL Currymischung, bestehend aus Korianderfrüchten, Kreuzkümmel, Chili, Bockshornkleesamen und Curryblättern
1/2 l Kokosmilch
1 Stück Ingwer
Zitronensaft, Salz

Zwiebel und Knoblauch hacken und in Ghee zusammen mit der Currymischung anrösten. Mit der Kokosmilch ablöschen, Zitronensaft und Salz zufügen. Den Fisch in Würfel schneiden, zur Kokosmilch geben, vorsichtig umrühren und ca. 10 Minuten garen.

Zum Schluss den fein geschnittenen Ingwer zufügen und durchziehen lassen.

Gut für Vata, eher nicht bei Pitta und Kapha.

Kokos-Gemüse-Pfanne

3 Karotten, in Würfel geschnitten
1 kleine Blumenkohlrose (Karfiol), zerteilt
1 Zucchini, gewürfelt
1 grüner und 1 roter Paprika, gewürfelt
1 Tomate, gewürfelt
2 TL Ghee
1/2 Tl Kreuzkümmel
1/2 TL Senfsamen
1/2 TL Kurkuma
1/2 TL Fenchelfrüchte, beides zerstoßen
1 EL Currymischung
1 kleine Zwiebel, geschnitten
1 kleines Stück Ingwer, fein geschnitten
etwas Wasser
100 ml Kokosmilch
1/2 EL Zitronensaft
Curryblätter, Salz, Chili, Petersilie

Ghee erhitzen und Kreuzkümmel und Senfsamen darin kurz anbraten. Dann die klein geschnittene Zwiebel zufügen und anrösten, mit etwas Wasser aufgießen und die Karotten zusammen mit den Curryblättern, dem Ingwer, Kurkuma und Fenchelfrüchten dazugeben und einige Minuten kochen lassen.

Dann die Kokosmilch, die Currymischung, den Karfiol, die Zucchini und Chili dazugeben und weiterdünsten. Zum Schluss die Paprikastücke, die Tomatenwürfel und den Zitronensaft unterrühren, mit Salz abschmecken und mit Petersilie bestreuen.

Für alle Doshas geeignet; ohne Blumenkohl (Karfiol) für Vata, ohne Chili für Pitta.

Scharfes Karottencurry

1 kg Karotten
2 Knoblauchzehen
1 Zwiebel
1 Stück Ingwer
2 EL Rosinen
2 EL Ghee
Salz, Pfeffer, Korianderfrüchte, Kreuzkümmel, Chili, Curryblätter, Bockshornkleesamen

Zwiebel und Knoblauch hacken und in Ghee glasig dünsten. Den in Stifte geschnittenen Ingwer, die Gewürze und die in längliche Stücke geschnittenen Karotten zusammen mit den Rosinen, dem Salz und dem Pfeffer dazugeben, umrühren und 20 Minuten dünsten. Mit Chili sollte man nicht sparen, er gibt angenehme Schärfe.

Gut für Vata, bei Pitta und Kapha eher zu meiden.

Curryfisch

500 g weißer Fisch wie Seeteufel oder Seelachs
1 Zwiebel
2 Knoblauchzehen
1 Stück Ingwer
1/2 TL Kurkuma
1 TL Limonensaft
Salz
1 EL Currymischung, bestehend aus Pfefferkörnern, Senfsamen, Curryblättern, Korianderfrüchten, Zimt und Kreuzkümmel

Zwiebel, Knoblauch und Ingwer fein hacken und in einer Schüssel mit Kurkuma, Currypulver und Limonensaft verrühren. Die Fischstücke darin 2 Stunden an einem kühlen Ort marinieren.

Ghee in einer Pfanne erhitzen, den Fisch salzen und auf beiden Seiten ca. 3 Minuten anbraten.

Für alle Doshas geeignet. Da rotfleischiger Fisch als zu sauer gilt, nur weißen Fisch verwenden.

Sesamhuhn

4 halbe Hühnerbrüste
3 EL weiches Ghee
2 EL Semmelbrösel
3 EL Sesamsamen
2 EL Sesamöl
Salz, Pfeffer

Die Hühnerbrüste mit Ghee bepinseln, salzen und pfeffern. Semmelbrösel mit Sesamsamen mischen und das Fleisch darin wälzen. Im heißen Sesamöl die Hühnerbrüste vorsichtig von beiden Seiten knusprig braten.

Man kann die Hühnerbrüste auch vorher in kleinere Teile zerlegen, dann ist die Garzeit kürzer.

Dazu schmeckt vorzüglich Lauch, der zusammen mit Äpfeln in Kokosmilch gegart wurde.

> Für alle Doshas geeignet. Da das Gericht sehr reichhaltig ist, sollte man nur kleine Portionen davon essen.

Lammragout

500 g geschnittenes Lammfleisch
2 Zwiebeln
1 TL Chilipulver
1 TL Ingwerpulver
2 Tomaten, geschält
Pfefferkörner, Kardamomkapseln, Nelken und Lorbeerblätter
1/2 TL Macis (Muskatblüte)
Öl, Wasser, Salz, Zucker, Petersilie

Das Fleisch mit Pfeffer, Kardamom, Nelken und Lorbeerblättern in ca. 1 Liter Wasser weich kochen, anschließend warm stellen.

Die Zwiebeln mit Chili- und Ingwerpulver, den Tomaten und etwas Wasser pürieren.

Öl erwärmen, die Zwiebelsoße dazu geben und bei mittlerer Hitze langsam dünsten. Etwas Zucker und Macis zufügen.

Das Fleisch zufügen und soviel Fleischsud dazugeben, dass die Soße die passende Konsistenz hat. Nochmals erwärmen und mit Petersilie garnieren.

> Reduziert Vata, stärkt Kapha, in kleinen Mengen auch für Pitta geeignet.

Reis

Als Beilage wird zu allen Hauptgerichten, ob vegetarisch, Fisch oder Fleisch, meist Reis gereicht. Er ist in den Ländern Asiens als Hauptnahrungsmittel anzusehen.

Klassisch, und zu den scharfen Currys sehr gut passend, ist Basmatireis, der mit ganz wenig Salz in der doppelten Menge Wasser gekocht wird.

Aber Reis kann auch Geschmackskomponenten enthalten. Je nach Geschmack und Menge würzen.

Gheereis

Basmatireis
Ghee
Wasser
Salz
rote Zwiebel
Knoblauchzehe
Curryblätter, Nelken, Kardamom

Den Reis wie gewohnt in der doppelten Menge Wasser gar kochen.

Ghee erhitzen, gehackten Zwiebel und gehackten Knoblauch darin dünsten, die Curryblätter dazugeben und kurz mitdünsten. Den gekochten Reis, Nelken und Kardamom dazugeben, alles vermischen und heiß servieren.

> Gut für Vata und Pitta, eher nicht bei Kapha; anregend für die Verdauung.

Kokosreis

Basmatireis
Wasser
Ghee
rote Zwiebel
Knoblauchzehen
Kokosraspeln
Senfsamen
Curryblätter, Salz, Pfeffer

Den Reis gar kochen. Ghee erhitzen, Zwiebel und Knoblauch darin andünsten, die Curryblätter zerreiben, Senfsamen, Salz und Pfeffer dazugeben und alles leicht anbraten. Reis und Kokosraspeln zufügen.

> Ausgleichend für alle Doshas.

Pflaumenreis

Basmatireis
Wasser
rote Zwiebeln
Knoblauchzehe
frische Pflaumen
Salz, Ghee, Curryblätter, Petersilie

Den Reis in Salzwasser kochen. Ghee erhitzen, gehackte Zwiebel, Knoblauch und Curryblätter darin anrösten. Dann die klein geschnittenen Pflaumen mitdünsten. Den Reis zufügen und mit Petersilie bestreuen.

> Gut für Vata und Pitta.

Nachtische – Süßspeisen

Süßspeisen müssen nicht immer Nachtische sein. Der Pitta-Typ sollte ja Süßes vor dem Hauptgericht zu sich nehmen, der Kapha-Typ sollte möglichst wenig Süßes essen, der Vata-Typ hingegen darf auch zwischendurch naschen.

Möhrenhalwa

2 große Karotten
100 g Zucker
2 EL Ghee
400 ml dicke Kokosmilch
Salz, Zimt

Die Karotte schälen und sehr fein raspeln. Mit Zimt und etwas Wasser bei geringer Hitze in einem geschlossenen Topf dünsten, bis die Raspeln weich sind; öfter umrühren. Dann die Raspeln pürieren.

Das Ghee schmelzen, das Karottenpüree, den Zucker, Salz und die Hälfte der Kokosmilch zufügen und gut vermischen. Bei geringer Hitze solange kochen, bis die Flüssigkeit verdampft ist, dann den Rest der Kokosmilch zugeben und wieder einkochen, bis eine zähflüssige Masse entsteht. Diese auf ein Backblech gießen und erkalten lassen. Kleine Vierecke schneiden und servieren.

> Für Vata und Pitta gut, bei Kapha eher zu meiden.

Grießpudding

2 EL Cashewkerne
1 Vanilleschote
500 ml Kokosmilch
80 g Grieß
Zucker, Zitonenschale, Salz, Kardamom

Kokosmilch mit Zucker, Cashewkernen, Vanillemark, Zitronenschale, Salz und Kardamom zum Kochen bringen und den Grieß einstreuen. Unter Rühren einen Grießbrei kochen. In Gläser füllen und kalt stellen.

> Gut für Pitta, für Vata und Kapha eher zu meiden.

Ingwerkuchen

1 großes Stück Ingwer
250 g Butter
4 Eier
150 g Zucker
400 g Mehl
1/4 l Milch, 1 Päckchen Backpulver, Salz

Butter, Eier und Zucker schaumig rühren. Mehl, Salz und Backpulver dazugeben. Den fein geriebenen Ingwer und die Milch unterrühren. Im vorgeheizten Backrohr bei 160 °C langsam backen. Kurz vor Ende der Backzeit Ingwerstücke auf den Kuchen streuen und fertig backen.

> Gut für Vata und Kapha, bei Pitta eher meiden.

Obstsalat

Gilt auch in der Ayurvedaküche als gesund. Wirkt auf alle Doshas ausgleichend, sofern man die passenden Obstsorten aussucht. Wenig Zucker verwenden, etwas Zitronensaft und eine Prise Salz hinzufügen.

Apfelcreme

2 EL Zucker
5 Äpfel
2 EL Kokosflocken, geröstet
2 TL Mandelblättchen
1/2 Becher Schlagsahne
Wasser, Zimt, Rosenwasser

Die Äpfel schälen und zerkleinern; einen in Würfeln geschnitten Apfel zurückbehalten, die anderen vier in Wasser mit Zucker weich kochen, pürieren und auskühlen lassen. Die Apfelwürfel mit Zimt, Rosenwasser und den Kokosflocken unter das Apfelmus rühren. Das Obers aufschlagen und vorsichtig unterheben. Eventuell mit den Mandelblättchen garnieren.

> Gut für Vata und Pitta, in Maßen auch für Kapha.

Anmerkung

Das Kochen nach den Prinzipien von Ayurveda sieht auf den ersten Blick kompliziert aus, da die Vorschriften, nach denen die Gerichte zusammengestellt werden sollen, sehr komplex sind. Beschäftigt man sich aber ein wenig mit der Materie, beginnt sich »der Nebel zu lichten« und man kann die Logik dahinter erkennen.

Es erstaunt auch immer wieder, dass so manche ayurvedische Regel durchaus mit der westlichen gesunden Küche identisch ist, wenn auch mit anderen Erklärungen.

Auch gesunde Ernährung soll gut schmecken; kochen und essen sollen lustvoll sein. Dies ist der westlichen und der ayurvedischen Kultur gemeinsam. Auf seine Gesundheit zu achten heißt, mit seinem Körper, einem Geschenk der Natur, respektvoll umzugehen. Zur angestrebten Einheit zwischen Körper, Geist und Seele gehört der liebevolle Umgang mit dem eigenen Ich.

> »Tue deinem Körper etwas Gutes, damit die Seele Lust bekommt, darin zu wohnen.«
>
> Teresa von Avila

Ayurvedische Heilpflanzen

Die Heilpflanzen sind ein Mosaikstein in der ayurvedischen Medizin neben Ernährung, Bewegung und einer ethischen Lebensweise.

Die Heilpflanzen

Der Stellenwert der Heilpflanzen hat sich in den Kulturräumen unserer Welt unterschiedlich entwickelt. In der westlichen Medizin wurden die Heilpflanzen durch die Erfolge der chemischen Produkte und durch die Monosubstanzen aus Heilpflanzen zurückgedrängt.

Ganz im Gegensatz dazu zeigt die Entwicklung im indischen Raum ein eigenes Bild. Trotz der Erfolge der modernen Medizin mit chemischen Produkten hat die traditionelle Medizin Indiens mit den Vorzügen der vielen Heilpflanzen ihre Position behauptet. Auch heute noch werden rund 75 % der Bevölkerung Indiens und der angrenzenden Länder mit ayurvedischen Heilmitteln – und damit mit einer Vielzahl von pflanzlichen Zubereitungen – behandelt. Die Heilpflanzen sind ein wesentlicher Mosaikstein im Erfolgsrezept der ayurvedischen Medizin neben Ernährung, Bewegung und einer ethischen Lebensweise mit Yoga, Meditation und vielem mehr.

Man schätzt, dass von den rund 45.000 Pflanzenarten in und um Indien fast 20.000 in den Therapien der Ayurveda-Medizin zur Anwendung kommen – viele davon selten oder nur örtlich begrenzt wegen ihres Vorkommens in einem bestimmten Gebiet.

In der westlichen Welt wurden die einzelnen Inhaltsstoffe der Heilpflanzen im letzten Jahrhundert der Gradmesser für deren Wirkung oder Wirksamkeit.

Die traditionelle indische Medizin hat bis heute die alten Grundsätze der Anwendung ihrer Heilpflanzen beibehalten. Dazu zählt auch, dass die gesamte Pflanze für den Menschen das ideale Heilmittel darstellt. Mit der Isolierung der einzelnen Wirkstoffe ist durchaus in einigen Fällen die Wirkung angehoben worden, aber die Nebenwirkungen sind auch gestiegen. Die gesamte Pflanze erfüllt die Lehre der fünf Elemente, wirkt über die Eigenschaften, über den Geschmack, über den Geschmack nach der Verdauung und über die Wirkung auf den Körper.

Die Heilpflanzen sind ein wichtiger Bestandteil der aryurvedischen Medizin.

Die Eigenschaften (Gunas)

Die Ayurveda-Medizin kennt 20 Eigenschaften (= 10 Gegensatzpaare) und beschreibt damit alle Materie.

> **Üblicherweise reichen vier Paare zur Klassifizierung:**
>
> schwer – leicht
> kalt – heiß
> ölig – trocken
> mild – scharf

Die erstgenannten Begriffe sind aufbauend, beruhigend, nährend; sie vermehren Kapha.

Die Gegenspieler bauen Gewebe ab, sind aktivierend und vermehren Pitta und Vata.

Die Eigenschaft scharf – »spitz« – ist in der Lage, Körperkanäle wieder durchlässig zu machen, die durch Giftstoffe oder Kapha verstopft sind.

Die Qualität »schleimig« wirkt einhüllend, schleimbildend und lindernd – egal ob bei Hustenreiz, einem entzündeten Magen oder Darm oder auf einer gereizten, trockenen Haut.

Der Gegenspieler »klar« wirkt reinigend – das kann emetisch (Erbrechen erzeugend), abführend, entgiftend und blutreinigend sein.

Der Geschmack (Rasa)

Alle kennen auch in der westlichen Medizin die sinnliche Wahrnehmung des Geschmacks einer Heilpflanze. Da im Ayurveda der Geschmack (süß, sauer, salzig, scharf, bitter, herb) auch die Eigenschaften der Qualität definiert und eine senkende oder erhöhende Wirkung auf die Doshas ausübt, ist er ein wichtiges Charakteristikum dieser Medizin.

Der Geschmack nach der Verdauung (Vipaka)

Eine Faustregel besagt, dass süße Heilpflanzen nach dem Stoffwechsel in den Organen oder Geweben einen »süßen« Geschmack nach der Verdauung besitzen und damit Kapha vermehren. Bittere, herbe und scharfe Pflanzen bringen ein Endergebnis »scharf« und sind damit Vata-vermehrend; »sauer« vermehrt Pitta, was sehr selten ist; ein Beispiel ist die Zitrone.

Wie bei allen Regeln gibt es auch hier Ausnahmen, z. B. führt der scharfe, lange Pfeffer zu einem »süßen« Vipaka.

Die Wirkung auf den Körper (Virya)

Ein entscheidendes Kriterium für die Auswahl einer Heilpflanze ist auch deren kühlende oder erhitzende Wirkung auf den Körper.

Erhitzende Pflanzen aktivieren den Körper, sind verdauungsfördernd und schweißtreibend; ihr Vipaka ist scharf, ihr Guna ist leicht, trocken und spitz.

Kühlende Pflanzen sind nährend, befeuchten den Körper, senken Pitta, erhöhen Vata und Kapha. Ihr Vipaka ist süß, ihr Guna ist schwer, ölig und träge.

Auch hier gibt es – wie bei so vielen Regeln – Ausnahmen.

Zubereitungen von Heilpflanzen

Wenn es die Art der getrockneten Pflanzenteile erlaubt, ist es am günstigsten, die Heilpflanze in Form von Pulvern einzunehmen. Dabei werden Pflanzen oder Pflanzenteile so lange mit dem Mörser zerkleinert, bis ein feines Pulver entsteht.

Ist ein Pulver für den Körper schlecht verträglich wird ein Kaltauszug, ein warmer Auszug oder eine Abkochung zubereitet.

Abkochungen können auch noch einer Fermentation unterworfen werden und so im Geschmack verändert und durch einen Alkoholanteil auch haltbarer gemacht werden.

Besonders angenehm schmecken Zubereitungen, bei denen Abkochungen mit Früchten vermischt, mit Zucker oder Honig versetzt werden (Lehas).

Die Zubereitungen oder Präparate werden, wie die Heilpflanzen selbst, für jeden Konstitutionstyp ausgewählt. So eignen sich Lehas oder Zubereitungen mit Ghee (Butterschmalz) besonders für Menschen mit Vata-Konstitution, während Menschen mit Kapha-Konstitution mit Pulvern oder Abkochungen behandelt werden.

Äußerliche Heilpflanzenzubereitungen sind oft Auszüge für Bäder oder Kräuterduschen, aber auch Ölzubereitungen.

Bei Ölen werden Abkochungen mit Sesam- oder Kokosnussöl solange gekocht, bis das Wasser verdampft ist. Die Droge wird nie direkt im Öl extrahiert.

Neben den Ölen oder Zubereitungen mit Ghee (Butterschmalz) werden Kräuterextrakte in Pasten eingearbeitet und zur Behandlung von Erkrankungen auf bestimmte Körperstellen aufgebracht.

Heilpflanzenbeispiele und Rezepturen

Malabarnussbaum

Eine Pflanze, die nicht nur ihre Bedeutung im Ayurveda hat, sondern auch im Westen als Arzneimittel einen festen Platz in der Therapie gefunden hat, ist der Malabarnussbaum (Adhatoda vasica).

Im Westen sind zwei Wirkstoffe aus dieser Pflanze entwickelt worden, die bei uns in Präparaten zur Schleimlösung Verwendung finden und z. B. unter den Namen Bromhexin und Ambroxol bekannt sind. Sie sind eigentlich keine pflanzlichen Heilmittel mehr.

Im Ayurveda hingegen haben die Auszüge aus den Blättern und Wurzeln bis heute nichts von ihrer Bedeutung eingebüßt.

Die ayurvedischen Zubereitungen gelten als nebenwirkungsfrei und sind auch für Kinder gut geeignet. Nur während der Schwangerschaft ist eine Einnahme nicht gestattet, da die tonisierende Wirkung auf die Gebärmutter auch zu einem Abortus führen kann.

Die Heilpflanze wirkt auf die Doshas durch die Eigenschaften leicht und trocken und senkt damit Kapha; die kühlende Wirkung führt zu einer Reduktion von Pitta. Der herbe und bittere Geschmack dieser Heilpflanze unterstützt die Wirkungen auf Kapha und Pitta.

Pflanzenextrakte dieser Heilpflanze wirken auf viele Organe. Die schleimlösende, auswurffördernde Wirkung wird zusammen mit den krampflösenden und entzündungshemmenden Eigenschaften zur Behandlung von Husten, Bronchitis, Asthma, Tuberkulose und Nebenhöhlenerkrankungen genützt. Aber auch fieberhafte Erkrankungen können mit dieser Heilpflanze behandelt werden. Die schmerzstillende Wirkung hilft bei der Behandlung von Nerven-, Rheuma- und Wundschmerzen.

Bei Wunden, Geschwüren und Fisteln kommt die antiseptische, juckreizstillende und entzündungshemmende Wirkung zum Tragen. Bei Blutungen und blutenden Hämorrhoiden werden die blutstillenden Eigenschaften genützt.

Als Zubereitungen werden Abkochungen, Frischpflanzenextrakte, Salben oder auch Pflanzenpulver verabreicht. Meist ist nur die Malabarnuss, oft sind aber auch andere Heilpflanzen in den Rezepturen enthalten, z. B. kombiniert man zwei Teelöffel Frischpflanzensaft aus den Blättern mit Honig und einem Teelöffel Ingwersaft.

In einer speziellen Vorschrift werden die Blätter der Heilpflanze verbrannt, die daraus gewonnene Asche mit Wasser aufgekocht, filtriert und anschließend eingetrocknet. Dieses so genannte »Vasasalz« ist ein ausgezeichnetes Mittel bei Atemwegserkrankungen.

Allein dieses eine Beispiel der Beurteilung einer Heilpflanze zeigt, dass die Anwendungsmöglichkeiten durch die ganzheitliche Sicht wesentlich umfangreicher sind.

> **Die Heilpflanze Malabarnussbaum wird als Abkochung, Frischpflanzenextrakt, Salbe oder Pflanzenpulver verabreicht.**

Ingwer

Eine weitere Heilpflanze, die gleichzeitig ein hervorragendes Gewürz für die Küche ist, ist der Ingwer – Zingiber officinale.

Seine Heimat ist Indien, er braucht die feucht-warmen Regionen für sein Gedeihen.

Für Gartenfreunde sei aber erwähnt, dass der Ingwer an einem warmen, hellen Platz in der Wohnung oder in einem Wintergarten sehr gut auch in unserer Region zu ziehen ist. Man muss nur ein Stück Wurzel in einen großen Blumentopf in Erde, die mit Sand vermischt ist, setzen. Wärme und reichlich Wasser lassen die neuen Triebe, die zur Vergrößerung der Wurzelstöcke beitragen, reichlich sprießen. Im Sommer ist dann ein warmer Platz im Freien ein Garant für ein weiteres Wachstum der Ingwerpflanzen.

Die Inhaltsstoffe des Ingwers können je nach Herkunft etwas unterschiedlich sein. Bedeutung hat das ätherische Öl (1,5 – 3 %), in dem auch die charakteristischen Geruchsstoffe liegen. Die nicht flüchtigen Scharfstoffe (1 – 2 %) können bei der Lagerung durch Umwandlungen zunehmen.

Während im Westen die Verwendung des Ingwers als Antiemetikum (Mittel bei Übelkeit, Erbrechen, Reisekrankheit) und als verdauungsförderndes Mittel im Vordergrund stehen, sind die Anwendungsgebiete im Ayurveda wesentlich vielfältiger.

Die Klassifizierung des frischen Ingwers – z. B. als Gewürz – und des getrockneten, medizinischen Ingwers wird differenziert gesehen. Die Wirkung auf die Doshas wird gleich eingestuft – Vata und Kapha werden verringert. Bei beiden ist der Geschmack scharf und die Wirkung auf den Körper erhitzend.

Unterschiedlich ist der Geschmack nach der Verdauung; beim getrockneten Ingwer ist er süß, beim frischen Ingwer scharf.

Die Eigenschaften sind beim getrockneten Ingwer leicht, ölig und spitz; beim frischen Ingwer schwer, trocken und spitz.

Aus den Rezepten der Ayurveda-Küche ist zu ersehen, dass der Ingwer ein häufig verwendetes Gewürz ist. Nicht nur die Verwendung in verschiedenen Gerichten – zusammen mit süßem Obst oder als scharfer Anteil in verschiedenen Speisen – ist eine wertvolle Hilfe, der Nahrung eine »medizinische Dimension« zu geben. Sehr schmackhaft sind auch kandierte Ingwerwurzeln oder z. B. eine »Süßigkeit«, in der Ingwer mit Ghee, Milch, Zucker und verschiedenen anderen Gewürzen wie Koriander, Fenchel, Pfeffer, Kümmel, Zimt und Kardamom zu einer wohlschmeckenden Arznei verarbeitet wird.

Die medizinische Anwendung des Ingwers erstreckt sich im Ayurveda auf mindestens sechs Indikationsgebiete.

- Ingwer wirkt stimulierend auf das Nervensystem, ist leicht schmerzstillend und augentonisch; daher ist er bei Vatastörungen des Nervensystems einzusetzen.
- Reichliche Anwendung findet der Ingwer bei Erkältungskrankheiten und Husten. Er ist schleimreduzierend und auswurffördernd; zusätzlich ist er fiebersenkend und erwärmend. Als Fiebermittel sollte er für Vata- oder Kapha-Typen und nur im Winter oder Frühling verabreicht werden.

- Im Verdauungsbereich ist seine Anwendung vielfältig; Appetitlosigkeit, Übelkeit, Erbrechen, Völlegefühl, Blähungen und Durchfallerkrankungen werden mit Ingwer behandelt, weil seine Wirkung als krampflösend, blähungswidrig, speichelflussanregend, stomachisch, durststillend und »stopfend« eingestuft wird.
- Im Urogenitalbereich gilt der Ingwer als Aphrodisiakum und ist auch samenvermehrend.
- Auch in der Stillperiode spielt er eine Rolle; er ist milchreinigend, zählt aber zu den Pflanzen, die den Milchfluss hemmen.
- Weitere Anwendungen sind Stoffwechselstörungen, Rheuma und körperliche Schwäche auf Grund der blutreinigenden, antibakteriellen, antiviralen, entzündungshemmenden und tonischen Wirkung.

Vergleicht man die Anwendungsgebiete im Ayurveda mit denen der westlichen Medizin, sieht man eindeutig, dass der Ingwer in der Pflanzenheilkunde der Ayurvedamedizin eine bedeutendere Rolle spielt.

Vielfältig sind auch die Darreichungsformen des Ingwers als Arzneimittel. Sie reichen von der Einnahme des frischen Ingwers mit Salz vor dem Essen – als Mittel bei Appetitlosigkeit und Verdauungsschwäche – bis zu getrocknetem Ingwer, der mit langem oder schwarzem Pfeffer verabreicht wird.

Eine andere Vorschrift ergibt einen appetitanregenden Saft, in dem außer Ingwer auch Muskatnuss, Gewürznelken, Kardamom, Pfeffer und Safran zugesetzt werden.

Gelbwurz

Eine Heilpflanze, die auch bei uns im Westen einen hohen Bekanntheitsgrad hat, ist die Gelbwurz oder Kurkumapflanze – Curcuma longa aus der Familie der Ingwergewächse.

Der Gehalt an Wirkstoffen schwankt stark. Das ätherische Öl (2 – 7 %) und die Curcuminoide (3 – 8 %) sind wesentliche Bestandteile im Wurzelstock.

Die Heilpflanze dient nicht nur medizinischen Zwecken. Sie ist auch ein sehr häufig verwendetes Gewürz in der indischen Küche und wird auch für religiöse Zeremonien gebraucht.

In Europa finden wir die Gelbwurz in Gewürzmischungen und damit auch in unseren Speisen. Sie ist aber auch eine anerkannte Heilpflanze bei Verdauungsbeschwerden und Problemen der Gallenfunktion. Schließlich eignet sich – dank der Farbstoffe – die Gelbwurz zum Färben z. B. weißer Ostereier.

Die Gelbwurz wirkt auf alle drei Doshas senkend – auf Kapha und Vata wegen der erhitzenden Wirkung, auf Pitta des bitteren Geschmacks wegen.

Der Geschmack ist bitter und scharf, die Eigenschaften sind leicht und trocken, die Wirkung auf den Körper erhitzend und der Geschmack nach der Verdauung scharf.

Die Liste der Erkrankungen, die mit Kurkuma behandelt werden, ist lang.

- Im Vordergrund steht die Haut. Die Wirksamkeit wird von Allergien über Ekzeme, Juckreiz, Gürtelrose, Nesselausschlag bis zu Schnittwunden, Prellungen und Quetschungen genützt. Die

Wirkstoffe gelten als entzündungshemmend, antiallergisch, wundheilungsfördernd und wundreinigend.

- Auf das Nervensystem wirken Kurkumaextrakte schmerzstillend, haben einen starken Einfluss auf den Geruchssinn und sind bei Augen- und Ohrenentzündungen hilfreich.
- Probleme im Verdauungssystem, wie Blähungen, Übelkeit, Verstopfung, Entzündungen im Dickdarm und Hämorrhoiden sprechen gut auf Gelbwurz an.
- Bei fieberhaften Erkrankungen, Husten, grippalen Infekten und Nebenhöhlenerkrankungen wird die Gelbwurz aufgrund der fiebersenkenden, auswurffördernden Eigenschaften eingesetzt.
- Bei einigen anderen Erkrankungen wie Diabetes, Gelbsucht, Blutungen, Vergiftungen, Ödemen und Koliken wird die Gelbwurz angewendet.

Die Zubereitungsformen, die zur Behandlung der verschiedenen Erkrankungen Verwendung finden, reichen vom Saft aus dem frischen Rhizom, der auf Prellungen oder Wunden geträufelt wird, bis zum Gelbwurzpulver, das zur Paste verarbeitet, auf die Behandlungsstelle aufgetragen wird.

Es gibt auch Rezepturen mit Jogurt, Milch oder Ghee, aber auch die Kombination mit anderen Heilpflanzen wie Zwiebeln, Senföl oder Leinöl, Malabarnussbaum und anderen.

Gürtelrose wird z. B. durch Bestreichen der Bläschenfläche mit Senföl und aufgestreutem Gelbwurzpulver lokal behandelt.

Muskatnuss

Eine Heilpflanze, deren frisch geöffnete Früchte sehr attraktiv aussehen, ist die Muskatnuss – Myristica fragrans – aus der Familie der Muskatnussgewächse.

Verwendung finden der Muskatsame, das ätherische Öl der Muskatnuss (bis zu 16 %), die zuerst rote Muskatblüte (Macis), die die Samenhülle ist, und auch das fette Öl.

In Europa hat die Pflanze als Heilpflanze wenig Bedeutung. Zwar nützte man auch die krampflösenden Eigenschaften bei Magenbeschwerden und Blähungen, aber das Nebenwirkungspotenzial der Muskatnuss ist enorm.

In den Mengen, die man zum Würzen verwendet, ist die Muskatnuss unbedenklich. Schwangeren allerdings wird vorsichtshalber von einer Verwendung abgeraten, da sie in höheren Dosen abortiv wirkt. In höheren Dosen wirkt die Droge berauschend und kann, besonders mit Alkohol bis zu Halluzinationen führen.

In der Ayurvedamedizin richtet man das Augenmerk stärker auf die positiven Erfahrungen mit dieser Heilpflanze.

Die Pflanze wirkt auf Vata und Kapha vermindernd, auf Pitta vermehrend. Der Geschmack ist bitter und scharf; die Eigenschaften sind leicht und spitz, die Wirkung auf den Körper erhitzend und der Geschmack nach der Verdauung ist scharf.

Das Muskatöl wird bei Schmerzen, Kopfschmerz oder Rheuma aufgetragen und wirkt schmerzstillend und entzündungshemmend. Bei chronischem Husten oder chronischen Nebenhöhlenentzündungen kann eine Paste aus Muskat und Honig eingenommen werden.

Im Verdauungsbereich gehören Übelkeit, Appetitlosigkeit, Durchfall, Erbrechen und Blähungen zum Anwendungsbereich der Muskatnuss oder eines Muskatpulvers – eventuell gemischt mit Ingwer.

Die Inhaltsstoffe haben eine Wirkung auf Magen, Darm und Leber (Galle).

Viele Heilpflanzen im Ayurveda haben auch einen positiven Einfluss auf den Urogenitaltrakt. So wird auch die Muskatnuss bei Impotenz und Dismenorrhoe gegeben. Sie wirkt aphrodisierend und ist dabei mit einer ejakulationshemmenden Wirkung gekoppelt, wenn man die äußerliche Anwendung von Muskatpulver auf sich nimmt.

Es ist möglich, dass die eine oder andere Anwendung den Anforderungen einer westlichen Studie nicht standhalten wird. Steht aber die individuell abgestimmte Therapieform der Jahrtausende alten und millionenfach bewährten ayurvedischen Denkweise im Vordergrund, dann zeigt sich, dass Heilpflanzen neben der Ernährung, Entspannung und Bewegung einen wesentlichen Beitrag zur Behebung von gesundheitlichen Störungen und zur Heilung von Krankheiten geleistet haben.

Ayurvedische Öle

Die Öle sind seit vielen Jahrhunderten Teil der Therapien im Ayurveda. Sie werden für die klassischen äußerlichen Behandlungsformen wie z. B. Abhyanga (Einsalbung oder Ganzkörpermassage) oder Shirodhara (Kopfguss) oder auch für Ölzubereitungen für den innerlichen Gebrauch verwendet.

Wenn es um die Frage geht, welches Öl für wen und für welche Therapien geeignet ist, gibt es mehrere Antworten.

Die Qualität ist immer wesentlich, daher sollten nur kaltgepresste, pflanzliche, fette Öle aus einwandfreiem Anbau Verwendung finden. Nur selten werden Ghee oder tierische Fette verwendet. Manche Öle eignen sich gut für verschiedene Konstitutionen. Ideal ist sicher die Anwendung von Ölen, die besonders auf einen bestimmten Dosha-Zustand einwirken. Leidet z. B. ein Kapha-Typ unter Stress, setzt man ein Vata-reduzierendes Öl ein.

Medizinische Öle enthalten oft auch Extrakte, die zuerst hergestellt werden und dann dem Öl beigemischt werden; da diese Extrakte auch Wasser enthalten, wird die Mischung so lange erhitzt, bis das Wasser verdampft ist.

Pflanzliche Öle

Als Grundlagen dienen verschiedene fette Öle pflanzlicher Herkunft.

- Das Sesamöl zählt zu den erhitzenden Ölen und ist daher für Vata besonders gut geeignet. Sesamöl und Kräuterauszüge ergeben medizinische Öle von hoher Qualität; dieses verliert dann seine erhitzende Wirkung. Wenn Hautunverträglichkeiten auftreten, tauscht man es eventuell gegen Sonnenblumenöl.
- Mandelöl gilt als das nährende Öl, daher ist es für kosmetische Behandlungen und verjüngende Therapien gut geeignet. Es ist kühlend und nährt die sensible und reife Haut.
- Olivenöl hat ähnliche Eigenschaften wie das Mandelöl und ist für alle Konstitutionstypen gut verwendbar.
- Rizinusöl gilt – innerlich angewandt – als Pitta-ausleitendes Öl und ist hautberuhigend bei Schuppenflechte und Juckreiz.
- Kokosfett findet als kühlendes Öl in Therapien Anwendung und gilt als gutes Therapieöl bei Kopfbehandlungen.

Medizinische Kräuteröle (Thailams)

Medizinische Kräuteröle werden sehr oft auf Sesamöl- oder Kokosölbasis zubereitet. Die Herstellung erfolgt in einem bestimmten Mengenverhältnis: Es werden 1 Teil Kräuter oder Kräuterpaste mit 4 Teilen Öl und 16 Teilen Wasser, wässrigem Extrakt oder Kräutersäften angesetzt. Diese Mischung wird dann unter Rühren so lange erhitzt, bis der wässrige Anteil verdampft ist. Nach dem Filtrieren bleibt das reine Öl mit den extrahierten Pflanzeninhaltsstoffen übrig.

Ein vereinfachtes Verfahren zur Herstellung von Massageölen ist die Zugabe von ätherischen Ölen zu verschiedenen fetten Ölen.

Hochwertige Öle halten bei vorschriftsmäßiger Lagerung bis zu drei Jahren.

Für stark nährende Öle – besonders bei Vata-Störungen – werden zum Sesamöl noch Rizinusöl und Ghee zugesetzt.

Sesamölzubereitungen reduzieren Vata, erhöhen aber Pitta und Kapha. Diese Erhöhung von Pitta und Kapha kann durch Zusetzen von Extrakten, die Pitta und Kapha günstig beeinflussen, ausgeglichen werden; so kann man auch bei Pitta- und Kapha-Störungen Sesamöl als Grundlage verwenden. Es zeigt sich auch gegenüber Oxidationsprozessen sehr stabil.

Sesamölzubereitungen gleichen typische Vata-Störungen wie Depression, Nervenschwäche oder Gewichtsverlust aus.

Öle, die Pitta ausgleichen, werden meist auf Kokosölbasis hergestellt. Man behandelt mit ihnen z. B. Hautprobleme.

Mit Ölen auf Kokosölbasis werden auch Kapha-Störungen ausgeglichen.

Mit Kapha-Ölen (z. B. Sesamöl mit Rosmarin, Salbei und Ingwer) werden Kapha-Störungen wie Erkrankungen des rheumatischen Formenkreises oder Krampfadern behandelt. Kapha-Öle sollten nicht nährend sein.

Öle die am Kopf verwendet werden, sollen keine erhitzenden oder nährenden Eigenschaften besitzen.

> Die Auswahl der Öle für die Therapie ist Sache des Therapeuten, der hier seine ganze Erfahrung einbringt.

Vorbereitungen zur äußerlichen Ölbehandlung

Zu einer Massagebehandlung sollte man entweder nüchtern gehen, oder die letzte Mahlzeit sollte so lange her sein, dass man sie schon verdaut hat. Daher ist ein Zeitpunkt zwischen dem Morgen und dem mittleren Vormittag oder am Nachmittag nach 16 Uhr günstig.

Auf Sri Lanka werden Männer nur von Männern und Frauen nur von Frauen massiert und therapiert. Während der Therapie wird nur unbedingt Notwendiges gesprochen, die Umgebung ist vollkommen entspannend, fast spirituell.

Das Öl, das zur Therapie verwendet wird, soll im Wasserbad angewärmt werden. Die Öle werden für Körpergüsse auf 45 °C, für Massagen auf 40 °C erwärmt; für Kopfgüsse liegt die Temperatur knapp über der Körpertemperatur.

Öle in der Therapie

Ein Ayurveda-Arzt setzt Therapien mit Ölen dann ein, wenn gestörte Doshas ins Gleichgewicht gebracht werden sollen, zur Reinigung von Gewebe und Organen oder wenn liegengebliebene Schlackenstoffe gelöst und abtransportiert werden sollen.

Dies ist aber nur dann möglich, wenn die Verdauung funktioniert und Agni – die Verdauungskraft – sich voll entfalten kann. Daher ist es durchaus möglich, dass vor einer Öltherapie verdauungsfördernde Maßnahmen gesetzt werden.

Es ist sowohl eine innerliche Ölkur als auch eine äußerliche Ölbehandlung als Therapie möglich.

Innerliche Ölanwendungen sind nicht sehr beliebt. Wesentlich angenehmer für die Patienten sind die äußerlichen Ölbehandlungen, die aber nicht nur Massagen sind; auch gurgeln, Ohren- oder Augenbehandlungen gehören dazu.

Ölbehandlungen sind nährend und gewebsstimulierend und daher für Vata-Störungen ideal. Sie wirken auch besänftigend und dienen der Eliminierung von Schadstoffen. Sie werden aber auch bei Pitta- und Kapha-Störungen in der Vorbehandlung eingesetzt.

Nach Ölbehandlungen werden oft schweißtreibende Therapien verordnet; bei Vata-Störungen bevorzugt man eher feuchte Hitze, bei Kapha-Störungen eher trockene Hitze, wie z. B. die Ayurvedische Sauna.

Im Anschluss an diese Therapien folgt eine Ruhephase von ca. einer Stunde, in der man sich, gut eingewickelt, völlig entspannt.

Prinzipiell sollte man während einer Kur keine anstrengenden Tätigkeiten ausüben, nicht einmal Fernsehen oder intensives Lesen werden empfohlen. Immer ist auf gleichmäßige Wärme zu achten. Deshalb gibt es in tropischen Ayurveda-Kliniken auch keine Klimaanlagen.

Die Einsalbung – Ganzkörpermassage (Abhyanga)

Der Zeitaufwand für die Massage ist genau vorgegeben. Pro Körpereinheit sind rund 8 Minuten veranschlagt. Die Wohltat beginnt im Sitzen mit einer Kopfmassage und geht, zum Teil als Synchronmassage, über den ganzen Körper und dauert über 45 Minuten. Unterschiede in der Zeit ergeben sich, wenn einige Einheiten, bei denen eine Synchronmassage möglich ist, z. B. Arme und Beine, nicht in dieser Form genützt werden können. Diese Behandlung ist ein komplexer Vorgang, in dem verschieden Behandlungen vorkommen, wie Kopfmassage, Kopfeinsalbung, Massagen und Synchronmassage.

> Ölbehandlungen werden innerlich und äußerlich durchgeführt.

Shirodhara – Kopfguss

Eine Ölbehandlung, die immer wieder als »Leitbild« für Ayurveda Medizin in Abbildungen zu sehen ist, ist diese besondere Anwendung. Ein permanenter warmer Ölstrahl wird aus einem Ölbehälter über einen Docht aus Baumwollfäden auf die Stirn aufgebracht, d. h. das Öl rinnt gleichmäßig über die Stirn. Der Patient liegt auf dem Rücken, die Augen sind mit einem Stoffstreifen abgedeckt. Das knapp über Körpertemperatur erwärmte Öl wird dann in einer schwingenden Bewegung über den oberen Teil der Stirn – unter dem Haaransatz – gegossen.

Die Therapie ist eine tief greifende Anwendung und ist sowohl eine Ölbehandlung als auch eine Schwitzbehandlung mit nährenden und besänftigenden Eigenschaften. Sie findet Anwendung unter anderem bei Depressionen und Schlafstörungen, chronischen Kopfschmerzen. Die Behandlung wirkt auf das Nervensystem und senkt auch den Blutdruck deutlich. Daher sollte die vorangehende Ölbehandlung mit Massage durchaus kräftig sein und den Kreislauf anregen.

Therapieziel

Neben den positiven Einflüssen auf das Gewebe und die Organe kommt es auch zur Stärkung des Immunsystems. Menschen, die unter Stresssituationen leiden, sollten die Möglichkeiten der Ölbehandlungen intensiv nützen.

Durch die Vata-reduzierenden Eigenschaften des Sesamöls, das einen hohen Gehalt an Antioxidantien hat, und der ihm zugesetzten Kräuter, die diese Wirkung noch verstärken, kommt es zu einer nährenden und verjüngenden Wirkung durch die Ölbehandlungen.

Die Öle können zur besseren Wirkung oft auch miteinander kombiniert werden; gibt es doch über 100 alte Vorschriften von Ölen, die zur Behandlung eingesetzt werden können.

Die Ölbehandlung kann eine einleitende Therapieform innerhalb einer Panchakarmabehandlung sein. Sie kann aber auch bei Vata-Überschuss, trockener Haut, Schlafstörungen, nervösen Zuständen, ja auch als aphrodisierendes Element als isolierte Behandlung eingesetzt werden.

Die ayurvedische Sauna

Die Kräutersauna ist eine nach sehr alten Vorschriften gebaute Sauna, die sich früher nur wohlhabende Menschen leisten konnten.

Die Aufzeichnungen über die Bauweise finden sich – wie auch andere ayurvedische Vorschriften – auf Palmblättern, die am Anfang des 1. Jahrtausends vor Christus geschrieben wurden.

Die Form der Sauna unterscheidet sich deutlich von der einer europäischen Sauna. Zuerst einmal muss der Platz sorgfältig gewählt werden. Die Form der Sauna ist ähnlich der Form eines Iglus.

Den Untergrund bilden vier verschiedene Schichten aus verschiedenen Stoffen wie Termitenlehm, Flusssand, Honig, Palmzucker, Korallen, verschiedene Kräuterpulver u. a.

Die Ziegel werden bei der Herstellung auch mit Kräutern, Honig und Termitenlehm angereichert, vorsichtig getrocknet und über Reisstrohfeuer gebrannt.

Es werden zwei Parallelwände in einem Abstand von 15 cm aufgezogen, damit die aufsteigende Wärme des Holzfeuers die Innenwand des »Iglus« beheizt. Die Sauna wird von außen mit Mango- und Brotfruchtbaumholz beheizt. Drei besonders definierte Holzsorten werden für die Tür, die Sitzbank und den Fußboden verwendet.

Der Fußboden besteht aus einem Raster mit 78 Vertiefungen (Kästchen), in denen 38 ausgesuchte Kräuter liegen, deren heilende Wirkung durch die Wärme der Sauna zum Tragen kommt; sie werden einmal im Monat gewechselt.

Dem Innenputz sind ebenso Kräuter beigemengt; er wird alle drei Monate erneuert.

Bei einer Kur schließen an eine Ölbehandlung weitere Behandlungen an: eine Kräuterdusche, ein Kräuterbad oder die Sauna.

Bevor man die Sauna betritt, wird das Kronenchakra zum Schutz mit Asche bedeckt. Bei 45 °C schwitzt man dann 15 Minuten kräftig. Danach ruht man gut eingepackt eine Stunde.

Die Wärme der ayurvedischen Sauna ist trocken und wird deshalb als sehr angenehm empfunden.

Menschen mit akuten Hautproblemen, Schwindel, Herzproblemen und Bluthochdruck dürfen nicht in die Sauna.

Die ayurvedische Sauna als Zeremonie zur Reinigung von Körper, Geist und Seele.

Das Blumenbad als Abschluss einer Kur auf Sri Lanka

Jeder Kurteilnehmer freut sich am Ende seiner Kur auf das Blumenbad, das für das Auge außergewöhnlich schön gestaltet ist und daher besonders zum Baden einlädt.

Auf dem Badewasser schwimmen tropische Blüten der Insel Sri Lanka; beim freudigen Einsteigen ins vermeintliche Vergnügen, weiß man dann, warum die Blüten so frisch aussehen: es ist das erste kühle Bad am Ende einer Kur, in der Wärme der bestimmende Faktor war.

Umgeben von der Blütenpracht ergibt sich noch einmal ein Blick zurück an viele entspannende Tage mit wohltuenden Therapien.

> Ein regenerierter Körper lässt einen gelassen den Belastungen des Alltags entgegen sehen.

Leben gemäß Ayurveda

Bei einer Ayurveda-Kur in einer entsprechenden Einrichtung im In- oder Ausland, lebt und isst man den ganzen Tag nach ayurvedischen Grundsätzen; Unklarheiten und Fehler können gemeinsam mit den fachkundigen Therapeuten schnell beseitigt und behoben werden.

Es ist also nicht schwer, alles richtig zu machen.

Wie kann man aber auch zu Hause, im täglichen Leben, neben Familie und Berufstätigkeit, nach ayurvedischen Grundsätzen leben?

Hier einige Ratschläge, wie man Wohlbefinden und Erfolg einer Kur in den »Alltag retten« kann oder damit beginnen kann, sein Leben nach ayurvedischen Grundsätzen einzurichten.

- Früh zu Bett gehen und früh aufstehen hält gesund.
- Am Morgen sorgen Sie als erstes für einen sauberen Mund, reinigen Sie Ihre Zunge und putzen Sie sich die Zähne. Warmes Wasser vor dem Frühstück sorgt für eine regelmäßige Verdauung.
- Ölen Sie Ihren Körper ein, das entspannt und stärkt, lassen Sie das Öl 20 Minuten einwirken.
- Danach duschen Sie; Wechselduschen regen den Kreislauf an.
- Essen Sie regelmäßig und zur richtigen Zeit, angepasst an Ihre Konstitution.
- Achten Sie auf die vier Teile Ihres Magens: zwei Teile sollen mit fester Nahrung, ein Teil mit Flüssigkeit gefüllt werden, ein Teil sollte leer bleiben, damit sich die Nahrung gut durchmischen kann; die Gesamtmenge sollte nicht mehr betragen, als man in seinen zwei offenen Händen tragen kann.
- Achten Sie auf frisch gekochtes Essen, dessen Zutaten aus möglichst natürlichen Quellen kommen und das keine Chemie enthält.
- Konzentrieren Sie sich beim Essen auf das, was Sie zu sich nehmen, essen Sie langsam und mit Genuss.
- Machen Sie hin und wieder Entgiftungstage.
- Tägliche Bewegung hält den Körper gesund; einmal am Tag sollte man kräftig schwitzen.
- Versuchen Sie, einmal am Tag ein paar Minuten für sich zu haben, besinnen Sie sich, gehen Sie in sich. Das wird auch Ihre Fähigkeit, auf Ihren Körper zu hören und ihn zu verstehen, fördern.
- Abends sollten Sie den Tag ruhig in angenehmer Gesellschaft ausklingen lassen.
- Entsorgen Sie emotionale Altlasten, die Ihre Gesundheit und Ihr Leben blockieren.

GESUNDHEITSBIBLIOTHEK **Ayurveda** GESUNDHEITSB
SUNDHEITSBIBLIOTHEK **Ayurveda** GESUNDHEITSBIBL
HEITSBIBLIOTHEK **Ayurveda** GESUNDHEITSBIBLIOTHEK
BIBLIOTHEK **Ayurveda** GESUNDHEITSBIBLIOTHEK **Ayur**
OTHEK **Ayurveda** GESUNDHEITSBIBLIOTHEK **Ayurveda**
Ayurveda GESUNDHEITSBIBLIOTHEK **Ayurveda** GESUND
da GESUNDHEITSBIBLIOTHEK **Ayurveda** GESUNDHEITS
SUNDHEITSBIBLIOTHEK **Ayurveda** GESUNDHEITSBIBLIO
HEITSBIBLIOTHEK **Ayurveda** GESUNDHEITSBIBLIOTHEK
BIBLIOTHEK **Ayurveda** GESUNDHEITSBIBLIOTHEK **Ayur**
OTHEK **Ayurveda** GESUNDHEITSBIBLIOTHEK **Ayurveda**
Ayurveda GESUNDHEITSBIBLIOTHEK **Ayurveda** GESUND
da GESUNDHEITSBIBLIOTHEK **Ayurveda** GESUNDHEITS
SUNDHEITSBIBLIOTHEK **Ayurveda** GESUNDHEITSBIBLIO
HEITSBIBLIOTHEK **Ayurveda** GESUNDHEITSBIBLIOTHEK
BIBLIOTHEK **Ayurveda** GESUNDHEITSBIBLIOTHEK **Ayur**
OTHEK **Ayurveda** GESUNDHEITSBIBLIOTHEK **Ayurveda**

HEITSBIBLIOTHEK **Ayurveda** GESUNDHEITSBIBLIOTHEK

Gesundheits-Lexikon

Das Gesundheitslexikon bietet die wichtigsten Indikationen, bei denen Naturheilkunde erfolgreich eingesetzt werden kann, außerdem Informationen über die häufigsten Krankheiten, weitere alternative Heilmethoden und Diäten. Der Leser kann aus verschiedenen Methoden auswählen: Homöopathie, Akupressur, Kneipp, Heilkräuter und Ernährung gehören zum »Standard« – vielfach werden weitere Methoden und bewährte Hausmittel vorgeschlagen.

Wenn sich Beschwerden durch Selbstbehandlung nicht binnen weniger Tage bessern, ist unbedingt ein Arzt/eine Ärztin zu konsultieren. Bei allen entzündlichen Erkrankungen, bei Herz-Kreislauf-Erkrankungen, Lungenproblemen, bakteriellen oder viralen Infektionen und anderen schweren Gesundheitsstörungen muss immer die ärztliche Diagnose und Therapie vorangestellt werden, zusätzlich kann man in Absprache mit dem Arzt naturheilkundliche Zusatztherapie betreiben.

Das Lexikon wurde vom Redaktionsteam des Kneipp-Verlags sorgfältig zusammengestellt. Für die medizinische und pharmakologische Beratung danken wir herzlich Herrn OMR Dr. Hans Krammer und Herrn Prof. Mag. pharm. Bernd Milenkovics.

S wie Schilddrüsenprobleme
–
U wie Urtikaria

Die Reihenfolge der zu den einzelnen Indikationen gewählten Naturheilmittel richtet sich nach den Anwendungsmöglichkeiten.

Die Vorschläge zur naturgemäßen Behandlung erheben keinen Anspruch auf Vollständigkeit. Die Entscheidung über die Durchführung ist immer gemeinsam mit dem Arzt zu treffen.

Schilddrüsenprobleme

→ Ernährung
→ Homöopathie
→ Hausmittel

Die Schilddrüse liegt an der Vorderseite des Halses unterhalb des Kehlkopfs und taucht zum Teil hinter das obere Brustbeinende und die ansetzenden Schlüsselbeine. Sie besteht aus 2 Lappen, die im unteren Bereich durch den Isthmus verbunden sind, hat etwa 25 Gramm und ist von den kräftigen Halsmuskeln umgeben. Sie produziert in mehreren komplizierten Schritten, unter Mithilfe von Enzymen, die Schilddrüsenhormone Trijodthyronin (T3) und Tetrajodthyronin (Thyroxin, T4), die in verschiedener Richtung den Stoffwechsel anregen und die Erregbarkeit des sympathischen Nervensystems erhöhen. Die freien Schilddrüsenhormone T3 und T4 (die im Serum nicht an Eiweißstoffe gebunden sind), stimulieren in den Zellen den Eiweißaufbau (T4) und durch T3 wird der Sauerstoffverbrauch angeregt. Auswirkungen bestehen auf den Wasser- und Wärmehaushalt, das Wachstum, Gewichtszu- und -abnahme, Müdigkeit oder übersteigerte Aktivität, Merkfähigkeit und Vergesslichkeit und auf die Darmtätigkeit. Weiters haben sie auch Auswirkungen auf gynäkologische Probleme wie z. B. Zyklusstörungen (die zur Unfruchtbarkeit führen können), da zwischen der Schilddrüse, der Hirnanhangdrüse und den Geschlechtshormon produzierenden Elementen Mechanismen der Rückkoppelung bestehen.

Die Schilddrüse greift also mit ihren Hormonen in alle Lebensvorgänge ein und wenn diese nicht oder mangelhaft produziert werden – Hypothyreose –, müssen sie lebenslang zugeführt werden, um Ausfallserscheinungen zu verhindern. Andererseits muss eine Überproduktion – Hyperthyreose – eingedämmt werden.

Die Schilddrüsen-Hormonproduktion wird von der Hypophyse, der Hirnanhangdrüse, die ihrerseits in einem engen Informationsaustausch mit der Regelzentrale im Hypothalamus steht, durch das Schilddrüsen-stimulierende Hormon TSH gesteuert. Die Hypophyse bezieht Informationen über die Höhe des freien T3 und T4 aus der Blutbahn. Sind sie erniedrigt, schüttet sie mehr aus, um die Produktion durch die Schilddrüse anzuregen und bei einer Erhöhung von T3 und T4 wird weniger ausgeschüttet. So sorgt dieser Regelmechanismus für eine den Erfordernissen entsprechende, ausgeglichene Produktion der Schilddrüsenhormone und damit für ein klagloses Funktionieren obiger Organsysteme, die von der Schilddrüse abhängig sind.

Zur Bildung von Schilddrüsenhormonen benötigt die Schilddrüse Jod, und die Jodmangelstruma (»Kropf«) gehörte früher zu den alltäglichen Fällen in einer Allgemeinpraxis.

Heute wissen wir, dass wir genügend Jod zuführen müssen und dass dieses Jod zur Verwertung von der anorganischen Form (wie es aufgenommen wird) in eine organische umgewandelt werden muss. Das geschieht mittels eines Enzyms, das bei den

Probleme mit der Schilddrüse

- *Endemischer Kropf (→ Kropf) = Struma*
- *Diffuse Struma oder knotenförmige Struma*
- *Überfunktion*
- *Unterfunktion*
- *Maligne Struma*

Immunkrankheiten der Schilddrüse eine Rolle spielt.

Das heutige Wissen um die Schilddrüse und ihre Erkrankungen ist schon zu einem eigenen Fachgebiet geworden und erschließt mit den sehr diffizilen Untersuchungsmöglichkeiten gezielte Ansatzpunkte zur Behandlung.

Schilddrüsenerkrankungen sind sehr häufig, insgesamt sind mehr Frauen als Männer (8:1) betroffen. Wenn sie rechtzeitig erkannt und in allen Einzelheiten diagnostiziert sind, sind sie sehr gut behandel- und z. T. auch heilbar.

Die modernen Behandlungsmöglichkeiten sind selbstverständlich dem Arzt vorbehalten, der eine Laboruntersuchung (als richtungweisend TSH und danach eventuell vier weitere Werte, die vom Spezialisten noch ergänzt werden können) und Untersuchung mit bildgebenden Verfahren (Ultraschall – lässt die Größe der Schilddrüse bestimmen, Szintigrafie – lässt die Aktivität erkennen) der klinischen Untersuchung anschließt und danach die gezielte Therapie – Hormone, Medikamente, die die Hormonbildung drosseln, Jod, Operation, Bestrahlung – ausrichtet.

Die Überfunktion

Zeigt sich in innerer Unruhe, Herzklopfen, Gewichtsverlust, Schlafstörungen und ist durch eine übermäßige Produktion der Schilddrüsenhormone charakterisiert.

Sie kann mit und ohne Vergrößerung der Schilddrüse vorkommen und kann entweder die gesamte Schilddrüse betreffen oder einen Knoten, der vom übrigen Gewebe durch eine straffe Hülle abgegrenzt ist und als »autonomes Adenom«, das der Regulation durch das TSH nicht unterworfen ist, bezeichnet wird.

Morbus Basedow als häufigster Vertreter der Überfunktion:

Diese Krankheit ist eine Autoimmunkrankheit der Schilddrüse, wobei Antikörper gebildet werden, die die Aufnahme des steuernden TSH der Schilddrüse verhindern, wodurch T3 und T4 ohne Drosselung entstehen.

Die Schilddrüse neigt zu einem eher langsamen Wachstum. Betroffen sind auch die Augen (quellen hervor) die Haare (fallen aus), Gewebe (Schwellungen am Schienbeinkopf), das Körpergewicht

Der Jodgehalt von jodarmen Mineralwässern

Sie sind geeignet für bestimmte Patienten mit Schilddrüsenüberfunktion.

Angaben in Mikrogramm Jod pro Liter.

Alpquell	*0*	*Güssinger mild*	*16*
Gudrunquelle	*0*	*Severinquelle*	*18*
Römerquelle	*0*	*Michlquelle*	*19*
Vöslauer	*0*	*Aqua vital*	*20*
Waldquell	*0*	*Rosenbergquelle*	*21*
Gasteiner	*11*	*Long Life*	*37*
Preblauer	*11*	*Sulzegger*	*40*
		Thalheimer	*45*

Das alkoholfreie Bier »Clausthaler herbfrisch« enthält 920 und Schweppes Bitter Lemon 423 Mikrogramm Jod pro Liter.

Auch gewisse Medikamente sind jodhaltig, sie können sogar zu einer Jodüberversorgung Anlass geben.

(relativ rascher Gewichtsverlust trotz gesteigertem Appetit), der Kreislauf (Herzklopfen, Herzrasen), die Verdauung (Durchfall) und die Muskeln (Zittern, Schwäche). Die Laboruntersuchungen und das Szintigramm bestätigen – neben dem im Vollbild charakteristischen Äußeren der Patienten – die Diagnose.

Alle anderen Formen der Hyperthyreose, der Überfunktion der Schilddrüse, ähneln symptomatisch dem Morbus Basedow, mit mehr oder weniger starker Ausprägung der einzelnen Symptome. Die ursächliche Klärung und die gezielte Behandlung gehören in die Hand des Arztes. Er wird auch Anweisung über notwendige Verhaltensweisen und Möglichkeiten der Selbsthilfe geben.

Der endemische Kropf:

In jodarmen Gebieten beginnt die Schilddrüse, wenn nicht zusätzlich Jod zugeführt wird, zu wachsen, um ihrer Aufgabe gerecht zu werden, das heißt genügend Hormone zu bilden. Sie wächst, um eine euthyreote (ausgeglichene) Stoffwechsellage aufrechtzuerhalten. Diese Störung muss heute nicht mehr zu den extremen Vergrößerungen der Schilddrüse führen wie man sie früher, speziell in ländlichen Gebieten, gesehen hat. Bei einer Neigung zur Vergrößerung genügt eine exakte Untersuchung und mit entsprechender Substitutionstherapie kann nicht nur eine weitere Größenzunahme, sondern u. U. auch die Rückbildung einer bereits eingetretenen Vergrößerung erreicht werden.

Struma nodosa (knotige):

Gelegentlich merkt der Patient selbst, dass sich in seiner Schilddrüse Knoten entwickeln, oder er wird von seiner Umgebung darauf aufmerksam gemacht. Es lassen sich dann in der Schilddrüse ein oder mehrere verschieden große Knoten tasten, die auch im Ultraschall zu sehen und größenmäßig bestimmbar sind. Allerdings lässt sich noch keine Aussage über ihre Art machen, zumal diese Knoten labormäßig kaum Veränderungen der normalen Schilddrüsenhormone verursachen. Grundsätzlich gibt es zwei, beziehungsweise drei Möglichkeiten, wobei Zysten auch schon sonografisch zu erkennen sind. Die beiden verbleibenden sind durch die nuklearmedizinische Untersuchung (Szintigrafie) zu unterscheiden. Das bei dieser Untersuchung injizierte radioaktive Material wird von der Schilddrüse gespeichert und die Menge der Speicherung kann mit einer Gamma-Kamera registriert und farbig bildlich dargestellt werden. Die Knoten können gegenüber dem umgebenden Gewebe eine vermehrte Speicherung, als Zeichen einer vermehrten Hormonbildung, aufweisen und werden dann als »heiße Knoten« und nach ihrer Funktion als autonome Adenome bezeichnet. Letzteres bedeutet, dass sie nicht auf die Steuerung durch die Hypophyse mit dem TSH reagieren und selbständig schrankenlos produzieren. Umgekehrt kann die Speicherung in den Knoten völlig ausbleiben, dann spricht man von einem »kalten Knoten«, und der ist immer verdächtig auf einen bösartigen Tumor. Zur Klärung bleibt noch eine Feinnadelpunktion und mikroskopische Untersuchung, ansonsten muss operiert werden.

Schilddrüsenentzündung:

Die akute Entzündung der Schilddrüse ist eine eher seltene Erkrankung. Sie kann im Anschluss an eine Virus- oder bakterielle Infektion auftreten und ist von starkem Krankheitsgefühl und Schmerzen begleitet.

Die Überfunktion ist nur vorübergehend, wenn Gewebe zugrunde geht und vermehrt T3 und T4 freigesetzt werden.

Die so genannte stille Thyreoiditis ist eine Entzündung mit wenig Schmerzen und betrifft vor allem Frauen nach einer Entbindung. Anfangs besteht wieder eher eine Hyperthyreose, die bei mäßiger Vergrößerung der Schilddrüse in eine Unterfunktion übergeht. Diese wird dann meistens diagnostiziert und entsprechend behandelt. Die Erkrankung verschwindet von selbst (selbstlimitiert) und es stellt sich allmählich eine normale Hormonproduktion ein.

Eine weitere Schilddrüsenentzündung ist die nach einem Schweizer benannte Quervain'sche Krankheit. Die Ursache ist noch nicht bekannt, ein Virus wird vermutet. In der Vorgeschichte finden sich häufig Viruserkrankungen, wie Mumps usw. Die Erkrankung beginnt plötzlich mit Schmerzen, die von einer Seite zur anderen wandern und sich dann an einer Stelle etablieren, ähnlich einer Halsentzündung. Meist besteht ein leichtes Fieber und die Schilddrüse ist leicht knotig vergrößert. Anfangs erfolgt durch die entzündliche Zerstörung von Schilddrüsengewebe vorübergehend eine erhöhte Freisetzung von T3 und T4, mit nachfolgendem Abfall. Die Erkrankung ist auch selbstlimitiert, sie klingt nach einiger Zeit ab. Die ärztliche Behandlung richtet sich nach der Schwere der Entzündung und ist auf die Symptome gerichtet.

Die Unterfunktion:

Die Schilddrüse produziert zu wenig Hormone. Allgemeine Symptome sind Müdigkeit, Leistungsminderung, verzögerte Reaktionszeit, Gewichtszunahme, schlechte Merkfähigkeit, langsamer Puls, Verstopfung, Kältegefühl, auch Nervenerscheinungen wie das Karpaltunnelsyndrom können damit verstärkt werden.

Man unterscheidet die primäre Form – die Schilddrüse produziert zu wenig Hormone; eine sekundäre – die Hirnanhangdrüse produziert zu wenig Schilddrüsen-anregendes TSH-Hormon; und eine tertiäre Form – die Störung liegt im Zusammenspiel zwischen Hypophyse und Hypothalamus.

Eine Schilddrüsenunterfunktion kann angeboren sein. Das wird durch die Routineuntersuchung der Neugeborenen rechtzeitig erkannt. Bei sofortigem Beginn der Behandlung wird eine normale Entwicklung ermöglicht. Bei zu spätem Behandlungsbeginn kann die geistige Entwicklung des Kindes nicht optimal verlaufen. Die Ursachen sind eine eingeschränkte Entwicklung des Organs, eine atypische Lage und Schädigungen der kindlichen Schilddrüse während der Schwangerschaft über das mütterliche Blut (Hormonmangel, Überschuss, Radiojodtherapie).

Ein extremer Jodmangel kann ebenfalls eine Unterfunktion bedingen (→ endemischer Kropf).

Die häufigste Ursache einer Hypothyreose, vor allem

Die wichtigsten Jodspender aus dem Meer

Fischart	Jodgehalt in µg pro 100 g	Fischart	Jodgehalt in µg pro 100 g
Schellfisch	*416*	*Rotbarsch*	*99*
Algen	*400*	*Goldbarsch*	*74*
Dorschlebertran	*335*	*Makrele*	*74*
Schellfisch	*243*	*Auster*	*58*
Seelachs	*260*	*Hering*	*52*
Scholle	*190*	*Heilbutt, weißer*	*52*
Garnele	*130*	*Tunfisch*	*50*
Miesmuschel	*130*	*Aal*	*4,0*
Kabeljau	*120*	*Regenbogenforelle*	*3,2*
Dorsch	*120*		

bei Frauen nach dem 40. Lebensjahr, ist jedoch die »Hashimoto-Thyreoiditis« – eine eher schleichende, chronische, symptomarme Schilddrüsenentzündung infolge einer Autoimmunerkrankung, bei der Antikörper das Schilddrüsengewebe zum Teil zerstören. Damit gehen anfangs eher erhöhte T3- und T4-Werte im Blut einher, die aber mangels Symptomen kaum registriert werden, später ein Abfall und klinisch die Zeichen der Unterfunktion, die einer ständigen Hormontherapie bedarf.

Durch Operation, Bestrahlung oder Medikamente kann ebenfalls eine Unterfunktion provoziert werden, wenn z. B. zu viel Gewebe entfernt wurde, bzw. entfernt werden musste, oder wenn schilddrüsenhemmende Medikamente zu hoch dosiert wurden.

Auch die die Schilddrüse steuernde Hypophyse kann die Unterfunktion auslösen, meist sind Tumoren schuld daran.

Ernährung

▲ **ausgewogene Kost**

Bei Unterfunktion der Schilddrüse, vor allem zur Vorbeugung gegen einen Jodmangelkropf, soll die Ernährung jodreich, bei Überfunktion der Schilddrüse jodarm sein. In weiten Gebieten Mitteleuropas kann der Jodbedarf nur durch eine sehr ausgewogene Kost gedeckt werden. Der Jodbedarf ist in den einzelnen Lebensabschnitten unterschiedlich.

Um diesem Angebotsmangel zu begegnen wird das Speisesalz in Österreich und in der Schweiz seit 1963 jodiert und in Deutschland mit Jod versetzt unter der Bezeichnung »Vollsalz« oder »Jodsalz« in den Handel gebracht. Meersalz ist nicht, wie angenommen, jodhaltig, da beim Gewinnen durch Verdampfen des Wassers auch das Jod aus der Sole entfernt wird. Meersalz ist daher zur Jodversorgung nicht geeignet. Industriell hergestellte Fertigprodukte enthalten kein jodiertes Salz; wohl aber ausschließlich in Salinen gewonnenes Meersalz ohne Nachbearbeitung. Am besten deckt man den Jodbedarf, indem man mehrmals wöchentlich Meeresfisch isst – eine sichere Jodquelle!

Zu meiden ist bei Jodmangel der übermäßige Verzehr von Kohl, Grünkohl, Sauerkraut, Karfiol (Blumenkohl), Weißkohl und Wirsing, da diese Kohlgemüse, im Übermaß gegessen, die Jodaufnahme hemmen.

Der Jodgehalt von anderen Lebensmitteln

	Jodgehalt in µg pro 100 g		Jodgehalt in µg pro 100 g
Getreide		***Getränke***	
Roggenbrot	*8,5*	*Kaffee, Tee*	*8,0*
Weißbrot	*5,8*	***Milch***	
Haferflocken	*4,0*	*Muttermilch*	*6,3*
Reis	*2,2*	*Kuhmilch*	*3,7*
Eier		***Milchprodukte***	
Hühnerei	*9,7*	*Butter*	*4,4*
Gemüse		*Topfen (Quark)*	*3,4*
Spinat	*20,0*	*Edamer-Käse*	*4,0*
Radieschen	*8,0*	*Jogurt*	*3,7*
Kartoffel	*3,8*	***Fleisch***	
Gurke	*2,5*	*Schweine-/Rindfleisch*	*3,0*
Obst		*Kalbfleisch*	*2,8*
Apfel	*1,6*	*Schaffleisch*	*2,7*
Birne	*1,0*		
Kirsche	*0,3*		

Homöopathie

- Calcium carbonicum
- Iodum
- Lapis albus
- Lycopus virginicus
- Spongia
- Arsenum iodatum
- Aurum metallicum
- Badiaga
- Ferrum iodatum
- Hedera helix
- Kalium iodatum
- Lachesis
- Natrium muriaticum

Die folgenden Mittel sind nicht nur für Kropf oder Knoten, sondern können bei Schilddrüsenstörungen ganz allgemein angezeigt sein. Die homöopathische Behandlung eines alten, vielleicht »familiären« Kropfes ist keine einfache Angelegenheit und keinesfalls eine Sache der Selbstbehandlung, sondern bedarf eines erfahrenen Homöopathen, der auch die Grenzen des möglichen Regulationsversuchs erkennt. Wenn jedoch früh genug begonnen wird und vegetativ günstige Umstände vorliegen, wird man am ehesten ein Innehalten im Wachstum erreichen können.

Calcium carbonicum: ein ausnehmend bewährtes Mittel bei Kropf. Der Typus des Mittels entspricht der Schilddrüsenunterfunktion: Blasse Patienten, die leicht schwitzen, erkältungsanfällig sind und eher zu Langsamkeit oder Trägheit neigen. Die Schilddrüse schwillt vor der Menstruation an. Verschlechterung: durch körperliche oder mentale Anstrengung, Kälte, bei Vollmond. Besserung: Wärme, warmes Wetter.

Iodum: wichtiges Mittel der Homöopathie bei Kropf und Schilddrüsenstörungen. Es ist eine heroische Arznei, die alle Vorsicht eines guten homöopathischen Arztes in Anspruch nimmt, schreibt Hahnemann. Gerade feinfühlige, sensible Personen kennen manchmal eine Überempfindlichkeit (Allergie) bei Kontrastmitteln, in denen Jod enthalten ist.

Symptome: Angst, Angstschauer durch den ganzen Körper, vor allem in Ruhe. Rastlosigkeit, Erschöpfung, Schwellung von Drüsengewebe, nicht nur der Schilddrüse, Zittern; Abmagerung trotz Heißhungers; geschwollene Drüsen, Heiserkeit. Verschlechterung: Ruhe, warmes Zimmer. Besserung: im Freien, in Bewegung.

Lapis albus: Weißer Stein, kommt in Gebirgstälern vor (Gasteinertal), in denen früher Kretinismus und Kropf sehr verbreitet waren. Durch Änderung der Lebensumstände ist er jetzt seltener geworden; jedoch hat Lapis albus eine große Bedeutung bei der Behandlung des Kropfes, vor allem bei anämischen (blutarmen) Patienten; Drüsenschwellungen usw.

Lycopus virginicus oder **europaeus:** sowohl potenziert wie auch als Urtinktur brauchbar. Beunruhigendes Pochen des Herzens in der Brust. Rege mentale und körperliche Aktivität, besonders abends, abwechselnd mit großer Erschöpfung; Gedankenflucht, hervorstehende Augen, Zuckungen der Muskeln am ganzen Körper; müde, kann jedoch nicht einschlafen.

Spongia: Der Meerschwamm enthält reichlich Jod und ist in der Volksheilkunde schon lange zur Behandlung des Kropfes in Gebrauch. Typisch sind die Herzsymptome; Herzrasen, nächtliches Erwachen durch Herzklopfen. Berührungsempfindliche, oft stechend schmerzende Schilddrüsenregion. Erschöpft nach geringen Anstrengungen.

Weitere Mittel: Arsenum iodatum (starke Abmagerung, Schwäche, Erschöpfung, Ruhelosigkeit), Aurum metallicum (starke Depressionen, Selbstvorwürfe, lebhafte, ruhelose Menschen, pulsierende Empfindung in der Schilddrüse.

Verschlechterung: nachts, im Winter, Badiaga (Herzklopfen, schlimmer in Kälte, besser in Wärme – Unterschied zu Jod), Ferrum iodatum (Schwellung der Schilddrüse bei blassen, eher mageren Patienten, hektische Flecken im Gesicht, große Unruhe, nervliche Erschöpfung, nach der Menstruation ein hervorstehendes Auge; besonders nach Unterdrückung der Menses, Operation, Hormone u. ä.), Hedera helix (der Efeu rankt sich um die Bäume, schnürt nach einer gewissen Zeit die Luft zum Atmen ab, diese Signatur weist auf die Schilddrüse; sehr ähnliche Symptome wie Jod), Kalium iodatum (empfindlich auf Druck, auf Berührung, rasche Vergrößerung der Schilddrüse; deutliche Besserung an der frischen Luft, im Freien), Lachesis (Berührungsempfindlichkeit, Redefluss, Hals schwillt zu nach Aufregung, Kummer, enttäuschter Liebe usw.), Natrium muriaticum = chloratum (Glotzauge, Exophthalmus oder Morbus Basedow, bei ausgezehrten Patienten, die schwere psychische Belastungen durchleben mussten, davon gezeichnet sind und nicht von den alten Ereignissen loskommen).

Hausmittel

▲ **Heilerde-Wickel**

Als wohltuend hat sich in vielen Fällen von Spannungszuständen, bei Schmerzen, auch Entzündungen der Schilddrüse der Heilerde-Wickel erwiesen, je nach Verträglichkeit 1- bis 2-mal täglich.

Schlafapnoe

→ **Lebensstil**

Mit Apnoe bezeichnet man einen Atemstillstand und mit Schlafapnoe regelmäßig auftretende Atemstillstände während des Schlafes mit einer Dauer von 10 bis zu 120 Sekunden. Dadurch kommt es zu einer Sauerstoffunterversorgung des Gehirns und in der Folge zu einem Wecksignal. Die typisch lauten Schnarchgeräusche, die man Wände hindurch hört, sind ein deutliches Indiz dafür, dass der Schläfer angestrengt versucht, durch die verengten Atemwege einzuatmen. Dieses extrem laute Schnarchen ist Hinweis auf eine grundsätzlich gefährliche Erkrankung – was nicht bedeutet, dass jeder Schnarcher eine Schlafapnoe hat oder unmittelbar gefährdet ist. Einzig die Atemunterbrechungen während des Schlafes, die vor allem vom Partner bemerkt werden, sind charakteristisch. Vorausgehend wird die Atmung immer flacher, setzt aus und wird mit einem besonders tiefen Atemzug, mit entsprechenden Schnarchgeräuschen, wieder fortgesetzt. Typisch ist auch, dass sich der Patient an die Ereignisse der Nacht, obwohl er während einer Attacke in einen Dämmerzustand gelangt, nicht erinnern kann. Weiteres charakteristisches Syndrom ist die mangelhafte Entmüdung am nächsten Tag. Der Patient ist müde, abgeschlagen und antriebslos, kann sich zu keiner anstrengenden Tätigkeit aufraffen und schläft bei jeder Gelegenheit ein.

Bei Auftreten dieser charakteristischen Symptome kann im Schlaflabor (Polysomnografie) Klarheit geschaffen werden. Das sind gegen Lärm-, Licht- und Erschütterungseinflüsse abgeschirmte Räume, in denen der verkabelte Patient schläft. Während des Schlafes werden in der Regel die Gehirnströme, die Augenbewegungen, die Atmung, das EKG oder zumindest der Puls und die Sauerstoffsättigung im Blut registriert. Diese Untersuchung ist von der entsprechenden Einrichtung abhängig und gehört dem Lungenfach zu.

Die Ursache der Schlafapnoe liegt entweder peripher in den verschließenden Veränderungen an den Bronchien und im Kehlkopf oder zentralnervös an einer reduzierten Ausgangsaktivität des Atemzentrums im Gehirn. Auch können beide Ursachen gemeinsam bestehen. Selten lösen schwerere Erkrankungen des Gehirns die Atembehinderung aus.

Am häufigsten ist die periphere Behinderung in den Atemwegen. Förderlich im schlechten Sinne sind Übergewicht, Rauchen und Alkoholgenuss. Desgleichen können Behinderungen in den Nasenwegen verstärkend wirken. Schlafmittel begünstigen die Schlafapnoe.

Die typischen Schnarchgeräusche entstehen, wenn der Schlafende mit offenem Mund atmet. Die Backenmuskeln sind erschlafft, die Rachenwände nähern sich, so dass der Luftstrom das ebenfalls erschlaffte Gaumensegel in Schwingung versetzt und die Schnarchgeräusche entstehen lässt. Beim Schlafapnoiker verschließen sich die Atemwege vorübergehend ganz und haben jedes Mal einen Sauerstoffmangel im Gehirn zur Folge, bei gleichzeitigem Anstieg des Kohlendioxids, das nicht ausreichend abgeatmet wird. Während die Sauerstoffsättigung im Blut bis zu 15 % abnimmt, nimmt die Kohlendioxid-Sättigung bis zu 30 % zu. Das Atemzentrum im Gehirn reagiert mit einer unvollständigen Weckreaktion. Im Krankheitsverlauf erhöht sich nicht nur die Dauer der einzelnen Atemaussetzer, sondern auch die Anzahl während einer Nacht. Der Betroffene erreicht nie die erholsame Tiefschlafphase, die sauerstoffarme Zeit kann bis zu 75 % der gesamten Schlafzeit ausmachen. Die Folgen sind eine extrem erhöhte Unfallgefahr am Tag durch ausgeprägte Tagesschläfrigkeit, Leistungsminderung und Morgenkopfschmerzen. Am häufigsten kommt der Partner dem Problem auf die Spur – durch abgehacktes, extrem lautes Schnarchen mit hörbaren Atemaussetzern des Schlafgestörten.

Gefährlich wird es dann, wenn gleichzeitig Herzschwäche oder Herzrhythmusstörungen und Durchblutungsstörungen des Gehirns vorhanden sind.

Nicht behobene, schwere Schlafapnoe über längere Zeit stellt ein Risiko dar, an schweren Herz-Kreislauf-Erkrankungen (Herzrhythmusstörungen, Verengungen der Herzkranzgefäße, Herzinfarkt, Schlaganfall) zu erkranken.

Als Therapie wird im Labor eine Maske (CPAP) angepasst, die mittels Überdruck die Atemwege offen hält. Diese Maske ist vor allem für jene Patienten angezeigt, die an Herz-Kreislauf-Erkrankungen leiden und bei denen der ständige Weckreiz durch die Atemstillstände zusätzlichen Stress verursacht. Die neuen Geräte suchen sich den nötigen Strömungsdruck bereits selbst aufgrund der Strömungsverhältnisse des Atemstroms des Patienten. Sie sind klein und handlich, transportabel und leise. Mit Hilfe der Geräte kann sehr schnell die normale Schlafarchitektur erreicht werden und der geplagte Apnoiker erholt sich rasch.

Neben dem CPAP-Gerät können spezielle Mund- oder Kieferschienen in der Nacht hilfreich sein. Außerdem gibt es noch chirurgische Möglichkeiten, indem man überschüssiges Fettgewebe aus dem Rachen entfernt.

Selbsttest auf Schlafapnoe – Test 1

Beim folgenden Test liegt eine Schlafapnoe mit großer Sicherheit nicht vor, wenn Sie weniger als 14 Punkte erreichen. Bei einer Punkteanzahl von bis zu 28 macht es dagegen Sinn, das Thema Schlafen gelegentlich mit Ihrem Arzt zu besprechen. Haben Sie mehr als 28 Punkte auf dem »Schlafkonto«, sollten Sie unverzüglich zum Arzt gehen, um das wahrscheinlich vorliegende Problem »Schlafapnoe« einer ausführlichen Klärung zuzuführen.

Im Test erhalten Sie für ein »häufig« 3 Punkte, für ein »manchmal« 2 Punkte, für ein »selten« 1 Punkt und für
»nie« 0 Punkte. Zählen Sie am Ende die Punkte zusammen.

Schnarchen Sie?

❍ Häufig (3) ❍ Manchmal (2) ❍ Selten (1) ❍ Nie (0)

Wenn Sie schnarchen, seit wann schnarchen Sie?

❍ Immer schon (3) ❍ Seit einiger Zeit (2)

❍ Jetzt weniger als früher (1)

Ist Ihr Schlaf unruhig?

❍ Fast immer (3) ❍ Manchmal (2) ❍ Sehr selten (1) ❍ Nie (0)

Wachen Sie nachts auf und haben Sie dann das Gefühl, »keine Luft zu bekommen«?

❍ Oft (3) ❍ Manchmal (2) ❍ Sehr selten (1) ❍ Nie (0)

Wie oft müssen Sie nachts wegen Harndrang aufstehen?

❍ Öfter als 3-mal (3) ❍ Höchstens 2- bis 3-mal (1)

❍ Nie öfter als 1-mal (0)

Hat Ihnen Ihr Bettpartner berichtet, dass Ihre Atmung im Schlaf aussetzt?

❍ Ja, schon oft (3) ❍ Ein paar Mal (2) ❍ Ganz selten (1) ❍ Nie (0)

Leiden Sie nach dem Aufwachen an Kopfschmerzen?

❍ Ja, oft (3) ❍ Manchmal (2) ❍ Sehr selten (1) ❍ Nie (1)

Sind Sie nach dem Aufwachen ...?

❍ Gerädert und erschöpft (3) ❍ Öfters müde (1) ❍ »Erquickt« und erholt (0)

Atmen Sie gut und normal durch die Nase ein und aus?

❍ Praktisch nie (3) ❍ Eher nicht (2) ❍ Selten (1) ❍ Immer (0)

Sind Sie übergewichtig und wenn wie stark?

❍ BMI* > 30 (3) ❍ BMI < 30 (2) ❍ Nein (0)

Plagt Sie auffällige Atemnot bei körperlicher Anstrengung?

❍ Oft (3) ❍ Manchmal (2) ❍ Selten (1) ❍ Nie(0)

Verspüren Sie ein Nachlassen Ihrer Leistungsfähigkeit?

❍ Ja, sehr stark (3) ❍ Ja, merklich (2) ❍ Ein bisschen (1) ❍ Nein (0)

Kennen Sie blutsverwandte Familienangehörige, bei denen eine »Tagesschläfrigkeit« diagnostiziert wurde?

❍ Ja (3) ❍ Nein (1)

Sind Sie selbst tagsüber auffällig müde und wird Ihnen besondere Müdigkeit nachgesagt?

❍ Sehr häufig (3) ❍ Immer wieder einmal (2)
❍ Manchmal (1) ❍ Nie (0)

Kommt es vor, dass Sie tagsüber unbeabsichtigt einschlafen?

❍ Oft (3) ❍ Manchmal (2) ❍ Selten (1) ❍ Nie (0)

Haben Sie unerklärliche Gedächtnislücken?

❍ Sehr oft (3) ❍ Manchmal (2) ❍ Selten (1) ❍ Nie (0)

Fühlen Sie sich in letzter Zeit niedergeschlagen, reizbar oder antriebslos?

❍ Ja, sehr stark (3) ❍ Immer wieder einmal (2)
❍ Selten (1) ❍ Nie (0)

Summe

Auflösung:

Weniger als 14 Punkte:
kein Problem

15 bis 28 Punkte:
gelegentlich mit Arzt besprechen

Mehr als 28 Punkte:
ausführliche ärztliche Klärung

* Body-Mass-Index

Selbsttest auf Schlafapnoe – Test 2

Haben Sie hohen Blutdruck?	❍ *Ja* 1	❍ *Nein* 0
Schnarchen Sie?	❍ *Ja* 2	❍ *Nein* 0
Bemerkt Ihr Schlafpartner Atemaussetzer?	❍ *Ja* 2	❍ *Nein* 0

Summe

Nun zählen Sie die gesammelten Punkte zusammen und gehen hinunter in jene Spalte, in der Ihrem Halsumfang die entsprechende Ziffer oder Zahl gegenübersteht. Das ist das Endergebnis.

Beispiel: *Sie erreichen die Punktezahl 3 und haben Halsumfang 40. Ihr Endergebnis beträgt 13.*

Erreichte Punkteanzahl

Halsumfang in cm	0	2	4	1	3	5
28	0	0	1	0	1	2
30	0	0	1	1	1	4
32	0	1	2	1	3	5
34	1	2	3	2	4	8
36	1	3	5	4	6	11
38	2	4	7	5	9	16
40	3	6	10	8	13	22
42	5	8	14	11	18	30
44	7	12	20	15	25	42
46	10	16	28	21	35	58
48	14	23	38	29	48	80
50	19	32	53	40	66	110

Punktebewertung:

Unter sechs Punkten ist der Verdacht auf eine Schlafapnoe ausgeräumt. Beträgt die Punkteanzahl mehr als 15, ist der Verdacht auf eine Schlafapnoe mit einer Wahrscheinlichkeit von 81 % anzunehmen.

Bei jeder Punkteanzahl dazwischen ist weiterhin Vorsicht angebracht und die Diagnosefühler sollen weiterhin ausgestreckt bleiben.

Die größere, weiterführende Diagnostik erfolgt im Schlaflabor, um festzustellen, ob die Atemaussetzer zu Weckreaktionen und Schlafstörungen führen und die Beschwerden des Patienten erklären können. Erst bei sicherer Feststellung dieser Umstände ergibt die Behandlung einen Sinn.

Lebensstil

- Vermeidung von Übergewicht
- Verzicht auf Alkohol
- Verzicht auf Schlafmittel

Das Wichtigste ist die Vermeidung von Übergewicht – ein namhafter Gewichtsabbau kann die Schwere der Erkrankung erheblich reduzieren; ebenso der Verzicht auf Alkohol am Abend und das Meiden von Schlafmitteln.

Weiters muss auf eine konsequente lebenslange Verwendung der CPAP-Maske gedrängt werden. Aus der Erfahrung weiß man, dass etwa 30 % der Betroffenen nach etwa 2 Jahren die Behandlung nicht mehr fortsetzen.

Schlafstörungen

- Akupressur
- Homöopathie
- Heilpflanzen
- Kneipp
- Hausmittel
- Ernährung

Bis zum Morgengrauen wach zu liegen, um schließlich vor Erschöpfung in unruhigen, unerquicklichen Schlaf zu versinken – oder abends frühzeitig einzuschlafen und nach 1 – 2 Stunden schon zu erwachen und dann die Nacht wach zu liegen, ist das Schicksal vieler Menschen aller Altersstufen.

Während ältere Menschen häufig aufgrund von Blutdruckstörungen nicht einschlafen können, verhindert bei den Jüngeren meist Stress die ersehnte Erholung. Diesen Stress abzubauen, muss erstes Ziel jeder Behandlung sein. Lesen Sie dazu auch Band 10 der Gesundheitsbibliothek, der sowohl viele Informationen zum Thema Stressabbau und Entspannung als auch über den Schlaf und die Wirkungen chemischer Schlafmittel bietet.

Auch die Schlafumgebung, die Raumtemperatur und die Matratzen-Qualität sind wichtig. Bei Schlafstörungen kann die Naturheilkunde besonders gut helfen.

Akupressur

- N 1
- MP 6
- B 10
- KG 15
- H 7
- N 6
- B 15
- G 20
- KG 17
- MP 3

Akupunktur und chinesische Massage etwa können in den meisten Fällen Medikamente vollwertig ausgleichen, ohne auch nur im Geringsten schädliche Nebenwirkungen (psychische oder organische, z. B. Leber oder Nieren betreffend) hervorzurufen.

Die Chinesen wussten sich gegen Nervosität, Unausgeglichenheit und Rastlosigkeit – unmittelbare Ursachen von Schlaflosigkeit – hervorragend zu helfen. Die stoische Ruhe der Asiaten ist sprichwörtlich! Selbst Begleiterscheinungen mangelnden Schlafes, wie Appetitlosigkeit, Kopf- und Kreuzschmerzen, stellen bei konsequenter Durchführung der Ratschläge bald kein Problem mehr dar.

Schlafgestörte sollten etwa eine Stunde vor dem Schlafengehen warm duschen und dann die Fußsohle bis zum Unterschenkel von unten nach oben massieren.

Besondere Zonen auf der Fußsohle sind N 1, die Fußmitte und die Fersenmitte, weiters N 6 und MP 6. N 6 trägt den klingenden Namen »Erleuchtetes Meer«, gehört dem

Nierenmeridian an und liegt ganz knapp unter dem Innenknöchel. Es handelt sich um einen Punkt, über den die Vitalfunktion (auch die Potenz) angekurbelt wird. Energieschwäche und psychische Labilität werden durch Massage des N 6 sehr günstig beeinflusst.

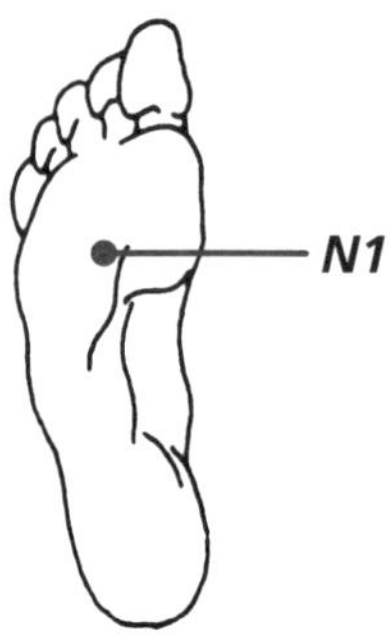

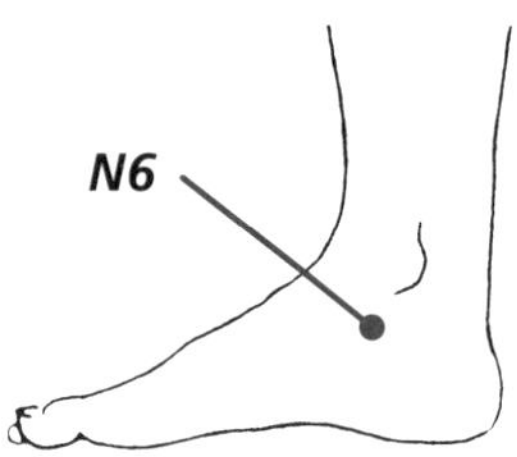

MP 6, der in einigen anderen Kapiteln ebenfalls eine wichtige Rolle spielt und daher noch ausführlich beschrieben wird, liegt vier Querfinger oberhalb der Spitze des inneren Knöchels am Hinterrad des Schienbeines.

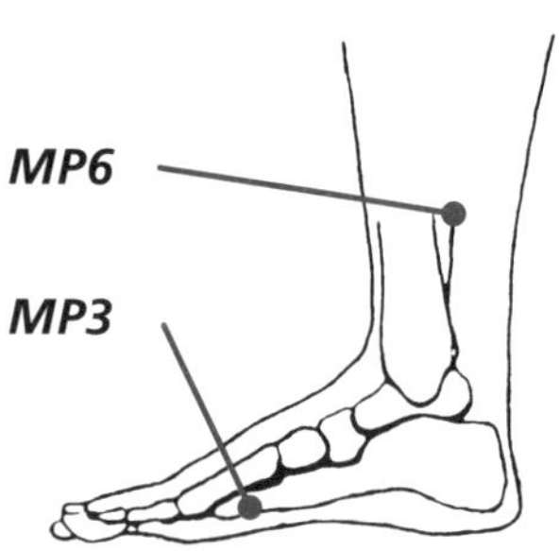

Massiert werden ferner folgende Körperpunkte: B 15, B 10, G 20, KG 15, KG 17 und H 7.

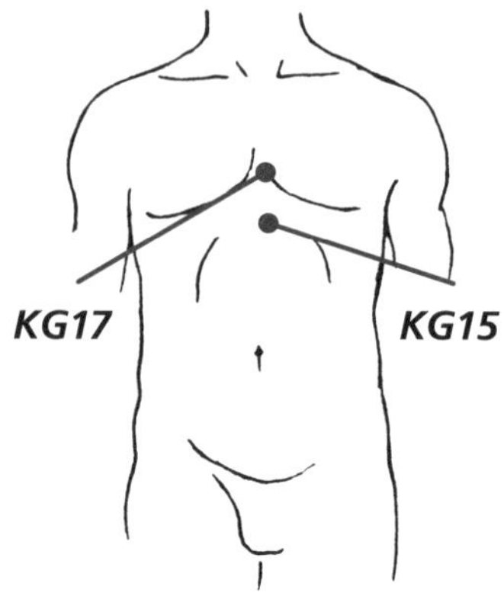

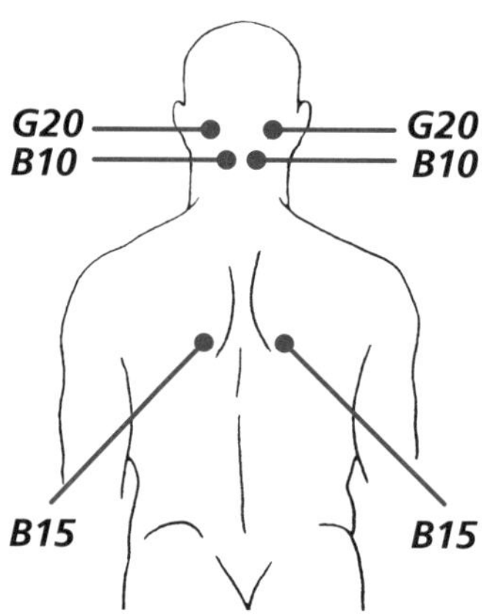

B 15 ist der »Zustimmungspunkt des Herzens« und liegt in der Höhe des 5. Brustwirbeldornfortsatzes, zwei Querfinger seitlich der hinteren Mittellinie. Den 5. Brustwirbeldorn finden Sie, indem Sie den Kopf nach vorne neigen und auf der Wirbelsäule eine auffallende Erhöhung tasten – das ist der Dornfortsatz des 7. Halswirbels. Jetzt müssen Sie nur fünf Fortsätze nach unten zählen. B 15 ist ein Punkt, dessen Massage stark auf die Psyche wirkt. In der chinesischen traditionellen Medizin hat das Herz neben seiner Kreislauffunktion als Pumpe auch eine wichtige Aufgabe im Zusammenhang mit der Seele. Im Westen kennen wir diesen Zusammenhang wohl auch, werden uns dessen aber kaum mehr bewusst. Nur Redensarten (ein »herzensguter« Mensch usw.) erinnern daran.

B 10 ist die »Himmelssäule« und liegt in Höhe der hinteren Haargrenze, etwa zwei Querfinger seitlich der hinteren Körpermittellinie. Dieser Punkt wirkt auch gegen Kopfweh.

G 20 finden Sie so: Tasten Sie auf dem Hinterkopf in der Nähe des Ohrläppchens eine Knochenerhöhung (Warzenfortsatz) – von hier mit dem Finger etwas in Richtung Mitte gleiten, bis Sie eine leichte Vertiefung fühlen. Dort liegt der »Windteich«, wie der Punkt im Chinesischen genannt wird.

KG 15 liegt am Ende des unteren Randes des Brustbeines. KG 17 befindet sich in der Brustmitte, genau zwischen den beiden Brustwarzen. Er wird in der Akupunktur als so genannter »Meisterpunkt für die Atmung« geführt.

H 7 schließlich ist »Das Tor der Götter« und liegt auf der Handgelenkquerfalte innen, an der Seite des kleinen Fingers. H 7 ist ein beliebter Punkt zur Harmonisierung der Seele. Auch gegen Prüfungsangst und alle Formen von Nervosität wird er von Akupunkturärzten gerne benützt.

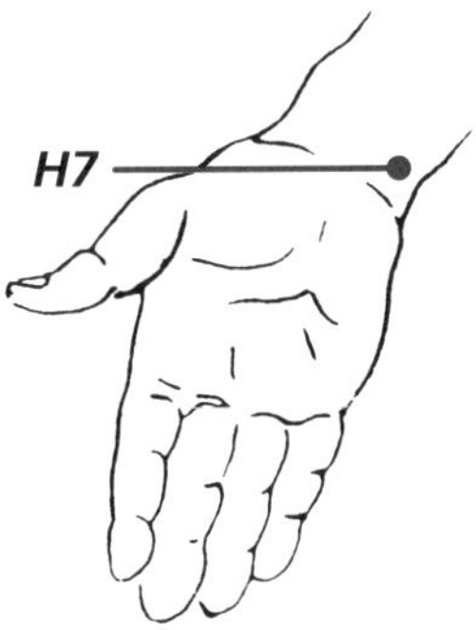

Bei Patienten mit zu hohem Blutdruck bewährt sich folgende Methode recht gut: Klopfen Sie mit der Faust oder den Fingerkuppen auf jede Fußsohle je 100-mal.

Mit der Moxazigarre oder normalen Zigarette (der einzige Anlass, bei dem wir den Patienten zum Griff nach der Zigarette raten) können noch die Zonen MP 3 und MP 6 lokal erwärmt werden. MP 6 wurde schon beschrieben, MP 3 befindet sich knapp hinter dem Grundgelenk der großen Zehe, in einem Grübchen am inneren Rand des Fußes.

Da das Bekämpfen chronischer Schlaflosigkeit mit Schlafmitteln unweigerlich zu ständiger Dosissteigerung führt, ist es ratsam, den Teufelskreis so rasch wie möglich zu durchbrechen – noch bevor körperliche und geistige Schäden eingetreten sind.

Einen Akupressurpunkt, der sich gut zur Selbstbehandlung eignet, finden Sie auch auf der Spitze der zweiten Zehe, im äußeren Winkel des Nagelbettes.

Noch ein Tipp am Rande: Auf harten Betten schläft man erfahrungsgemäß besser.

Homöopathie

- Aconitum
- Belladonna
- Arsenicum album
- Nux vomica
- Sulfur
- Ambra
- Coffea
- Pulsatilla
- Natrium muriaticum

Wenngleich man nach Wochen der Schlaflosigkeit vielleicht auf chemische Mittel zurückgreifen muss, sollte vor allem auf Dauer mit biologischen, pflanzlichen Mitteln das Auslangen gefunden werden.

Aconitum: Angst vor Unglück oder Tod, vor dem Sterben, starke bis stärkste Ruhelosigkeit.

Belladonna: Heißer Kopf, plötzliches Hochfahren des Körpers, Zuckungen, Augen glasig, halb offen.

Arsenicum album: Ruhelosigkeit, wälzt sich hin und her, leicht zu kalt, ängstigende, manchmal hypochondrische Gedanken, Sorgen.

Nux vomica: Schwache Patienten, müde, finden keinen erholsamen Schlaf, schlimme Träume, Verdauungsstörungen, zu viel am Abend gegessen, zu viel vor dem Computer gehockt, zu lange studiert usw. Nach dem Aufwachen zerschlagen.

Sulfur: Oft Folge eines ungesunden Lebenswandels, schläft ein, wacht häufig schweißgebadet auf, mit Hitze, muss Beine aus der Decke strecken; am Morgen gerädert.

Ambra: Oft bei alten Leuten, mager, immer zu kalt, nervös.

Coffea: Eine Überfülle von Gedanken raubt den Schlaf. Man legt sich nach einem anstrengenden Tag müde hin und ist dann hellwach, die Gedanken kreisen, es ist die Schlaflosigkeit, die durch zu viel Kaffee hervorgerufen wird; oft ausgelöst durch Erregung.

Pulsatilla: Kummer, Kränkung, nachmittags sehr müde, abends hellwach.

Natrium muriaticum: Dieselben Gedanken kehren immer und immer wieder, Festhalten am Alten; Kummer; innerliche und äußerliche Unbeweglichkeit; Vergleiche mit dem Bild der erstarrten Salzsäule.

Heilpflanzen

- Nerventee
- Kräuterkissen

Die Nervosität und die davon ausgehende Schlaflosigkeit sind zum Hauptübel unserer Zeit geworden! Wenn es der Arzt für notwendig befindet, werden dagegen so genannte Psychopharmaka bzw. Schlafmittel verordnet. In allen anderen Fällen soll danach getrachtet werden, mit natürlichen und durchwegs unschädlichen pflanzlichen Mitteln das Auslangen zu finden.

Der hier angeführte Nerventee mit Bestandteilen, die schon Pfarrer Kneipp empfohlen hat, bewirkt eine natürliche Beruhigung, ohne tagsüber unangenehm schläfrig zu machen und bringt einen gesunden Schlaf in der Nacht.

Rezeptur: Orangenblüte, unreif, offen, Lavendel, Melisse, Rosmarin, Johanniskraut, Passionsblume, Ehrenpreis, Hopfen zu gleichen Teilen. 1 bis 2 gehäufte Esslöffel mit 1/4 l siedendem Wasser überbrühen, einmal kurz aufkochen, 10 Minuten zugedeckt ziehen lassen, abseihen und zweimal täglich oder nur abends 1 Tasse trinken. Allenfalls mit Honig süßen.

Das klassische Kräuterkissen – das Schlafkissen (Nachfahre der einst mit Kräutern gefüllten Matratzen und Polster) – wirkt vor allem bei Einschlafstörungen, Kopfschmerzen, Migräne und Nervosität: Die in den Heilkräutern des Kissens enthaltenen ätherischen Öle lösen sich durch die Körperwärme und entfalten über die Atemwege ihre Wirkung. Kräuterkissen gibt es fertig im Handel, sie können aber auch selbst angefertigt werden: Man füllt einen kleinen Baumwoll- oder Leinensack mit Hopfen-, Lavendel-, Orangen- und Kamillenblüten sowie Pfefferminze, Melisse und Thymian, dieses Kissen erleichtert das Einschlafen und lindert Nervosität.

Kneipp

- Regulationstherapie

Schlafstörungen haben meist vielfältige Ursachen, die ausgeschaltet oder kompensiert werden müssen, um wieder einen normalen Schlaf-Wach-Rhythmus zu finden. Diesen Normalisierungsprozess kann man nicht mit eingleisigen Maßnahmen (z. B. durch Einnahme von Tabletten) erreichen. Es gilt vielmehr psychosoziale Konfliktsituationen zu bereinigen, Fehlverhalten zu korrigieren und alle regulatorischen Möglichkeiten auszuschöpfen. Die Kneipptherapie mit ihren fünf Komponenten bietet ein breit gefächertes Instrumentarium, mit dem man bestmögliche Regulationstherapie betreiben kann. Lesen Sie mehr darüber im sechsten Band dieser Reihe.

Hausmittel

- Trockenfrüchte
- Milch mit Honig und Melissengeist

Ärzte vermuten, dass bei manchen Menschen im Schlaf der Traubenzuckergehalt im Gehirn sinkt. Das ist die Ursache fürs Aufwachen. Daher: Legen Sie sich klein gehackte Trockenfrüchte, Datteln, Pflaumen, Feigen, Rosinen auf den Nachttisch und genießen Sie davon kleine Portionen. Sie sparen damit sehr oft eine Schlaftablette.

Prof. Hademar Bankhofer empfiehlt: Stehen Sie auf und trinken Sie ein Glas Milch mit 2 Teelöffeln Honig und 2 Teelöffeln Melissengeist. Sie werden dann schnell wieder einschlafen, weil der Zuckerspiegel ausbalanciert und das vegetative Nervensystem beruhigt wird.

Ernährung

- Milchprodukte
- Ausgewogene Ernährung

Manchmal ist Schlaflosigkeit auf Mangelernährung zurückzuführen. Etwa ein Defizit an Kalzium kann Schlafstörungen verursachen. Kalzium ist in Milchprodukten enthalten – Milch, Jogurt oder Buttermilch. Daher auch der Tipp mit der heißen Milch als Schlaftrunk.

Vitamin D (das die Aufnahme des Kalziums in den Körper bewirkt), Vitamin B und Magnesium haben in diesem Zusammenhang ebenfalls Bedeutung. All diese Substanzen nehmen Sie in ausreichendem Maß zu sich, wenn Ihre Ernährung vielseitig und damit gut ausgewogen ist.

Einseitige Diäten bringen ebenso wenig Besserung wie wahlloses Vollstopfen mit grundsätzlich gesunden Nahrungsmitteln.

Schlaganfall

→ **Lebensstil**

Ein Schlaganfall kann grundsätzlich in jedem Alter vorkommen, betrifft aber vorwiegend ältere Menschen. Er tritt plötzlich – schlagartig – auf und hat zwei verschiedene Ursachen: Ein Blutgefäß im Gehirn kann zerreißen und es tritt Blut in das Gehirn aus, das die Zellen der betroffenen Gehirnregion quetscht und schädigt – die Zellen gehen entweder zur Gänze zugrunde oder sie sind vorübergehend in ihrer Funktion schwer beeinträchtigt und führen – je nach ausgefallener Region – zu entsprechenden Ausfallserscheinungen. Etwa 8-mal häufiger ist ein plötzlicher Gefäßverschluss durch arteriosklerotische, teilweise verschließende Wandveränderungen und ein an Ort und Stelle entstandenes Gerinnsel, das den Verschluss vollkommen macht. Es ist auch möglich, dass ein Gerinnsel, welches aus einer anderen Körperregion durch den Blutstrom in das Gehirn gelangt, die Durchblutung eines Gefäßes und damit die Sauerstoffversorgung im Gehirn unterbricht. Förderlich sind die bekannten Risikofaktoren, wobei dem erhöhten Blutdruck eine vorrangige Rolle zukommt.

Beim »unblutigen« Schlaganfall, den man auch als Hirninfarkt bezeichnet, kommt es genauso zum Untergang oder zur Funktionslähmung von Gehirnzellen. Vorübergehende Minderdurchblutungen einzelner Gehirnregionen, die nach kurzer Zeit wieder verschwinden und keine bleibenden Schäden hinterlassen, werden als transitorische ischämische Attacke (TIA) bezeichnet, mit nur kurzen Funktionsausfällen, die sich wieder ganz zurückbilden. Diese im Volksmund als »Schlagerl« bezeichneten Attacken sind mögliche Vorboten eines kompletten Schlaganfalls, sie müssen Anlass zur genauen Untersuchung und Einleitung von Therapie sowie Änderung des Lebensstils sein.

Achtung: Abgestorbene Gehirnzellen können nicht gerettet werden, aber jene Zellen, die nur vorübergehend in ihrer Funktion gelähmt sind, können durch eine möglichst früh einsetzende intensivmedizinische Diagnostik, richtige Behandlung und Rehabilitation wieder zum Funktionieren gebracht werden. Die Betonung liegt auf »möglichst früh einsetzend«! Für die Art der Behandlung ist es entscheidend, die Schlaganfallursache sowie das Ausmaß und die Art der Schädigung durch klinische Untersuchung, ergänzt durch Computertomografie bzw. Magnetresonanztomografie, möglichst rasch zu erfassen. Eine Blutung kann, um die Schädigung möglichst gering zu halten, abgesaugt werden. Beim Gefäßverschluss kann durch medikamentöse Auflösung des Gerinnsels der Schaden beschränkt werden.

Menschen mit → Arteriosklerose, → Bluthochruck, → Diabetes, → Fettstoffwechselstörungen (hohem → Cholesterin) haben ein erhöhtes Risiko, einen Schlaganfall zu erleiden, wobei sich das Risiko nicht summiert, sondern mit steigender Anzahl an Risikofaktoren potenziert. Die Gesamtheit dieser Risikofaktoren findet sich beim → metabolischen Syndrom, das in der Entstehung der Herz-Kreislauf-Erkrankungen, insbesondere des Schlaganfalls, eine unheilvolle Rolle spielt. Weitere Faktoren, die einen Schlaganfall begünstigen sind Bewegungsmangel und Stress.

Nicht zu beeinflussen ist die genetische Disposition – diese wird aber in ihrer Auswirkung von den beeinflussbaren Faktoren, die vor allem durch den Lebensstil bestimmt sind, bei weitem übertroffen.

Die häufigsten Funktionsausfälle bzw. Symptome durch Schlaganfälle sind: Motorische Ausfallserscheinungen (schlaffe oder krampfartige Lähmungen, Koordination), Sprachstörungen verschiedener Art, Schluckstörung, Aufmerksamkeitsstörung, Wahrnehmungsstörung, Gedächtnisstörung, Gesichtsfeldausfall, Störungen der Sehschärfe und Doppelbilder, Schwindel, Gleichgewichtsstörung, nachfolgende epileptische Anfälle, Blasen- und Stuhlentleerungsstörungen, Sexualfunktionsstörung, Depressionen, emotionale Durchbrüche, Tagesmüdigkeit.

Zur Rehabilitation des Schlaganfallpatienten in neuralen Rehabilitationszentren arbeiten Spezialisten verschiedener Disziplinen (siehe Grafik S. 101).

Das Ziel ist die Wiedereingliederung in das gesellschaftliche und soziale Umfeld, vor allem aber, so weit es möglich ist, ein selbstständiges Leben zu Hause zu erreichen.

Schlaganfall-Soforthilfe

Österreich

Beratung für Pflegende:

Sozialservice BMAGS
Stubenring 1
1010 Wien

Tel. +43 800 / 20 16 22
tägl. 7 – 22 Uhr
Fax: +43 800 / 722 04 90

www.bmsg.gv.at
www.oear.or.at/Handbuch/ID21_alle.htm

E-Mail:
pflegetelefon@bmsg.gv.at

Weitere Links:
www.schlaganfall-info.at
www.infoline.at/schlaganfall

Deutschland

Notrufnummer
Schlaganfall: 112
www.schlaganfall-info.de

Stiftung Deutsche Schlaganfall-Hilfe

Carl-Bertelsmann-Str. 256
33311 Gütersloh

Telefon: 0 180 5 / 093 093
Fax: 0 180 5 / 094 094

E-Mail:
info@schlaganfall-hilfe.de

www.schlaganfall-hilfe.de

Der neurologische Rehabilitationspatient und sein Behandlungsteam

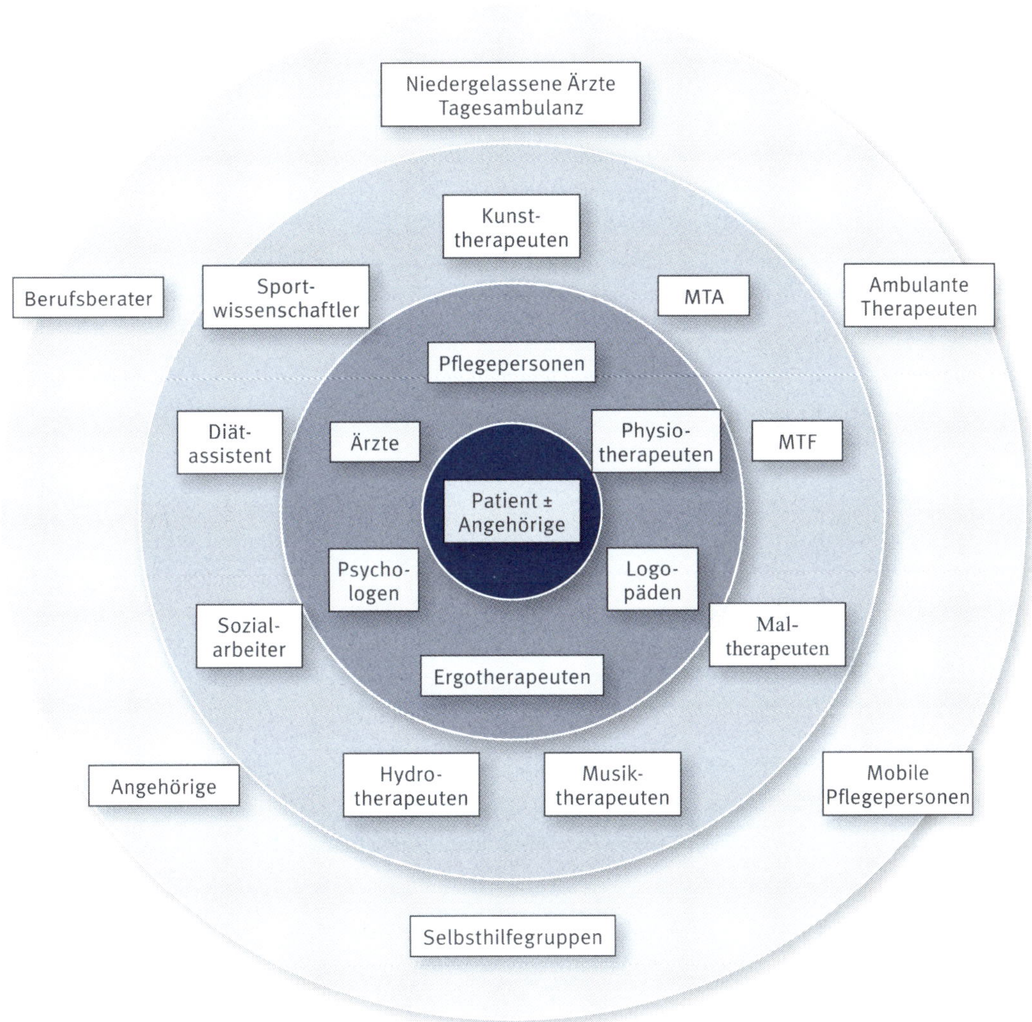

Legende:

■ = Patient

■ = Kernteam

■ = Erweitertes Rehabilitationsteam

■ = Ambulantes Nachbetreuungsteam

MTA = Medizin-technischer Assistent

MTF = Medizin-technische Fachkraft

Lebensstil

- Richtige Ernährung
- Bewegung
- Vorsorgeuntersuchungen
- Vermeidung von Risikofaktoren
- Kneipptherapie

Gerade zur Prävention des Schlaganfalls sind alle Maßnahmen eines gesunden Lebensstils besonders wichtig. Ein Schlaganfall stürzt nicht nur den Patienten in ein tiefes Chaos, sondern auch die Familie, die ganze Umgebung ist schwerst betroffen. Viele Schlaganfälle ließen sich vermeiden, viele drohende Ereignisse abwenden, wenn man rechtzeitig gegensteuert – durch richtige Ernährung, durch Bewegung, durch regelmäßige Inanspruchnahme der Vorsorgeuntersuchung, durch konsequente Ausschaltung der Risikofaktoren, sei es durch Lebensstilmaßnahmen allein oder durch eine vom Arzt verordnete notwendige medikamentöse Therapie.

Die Kneipp-Aktiv-Clubs sind gute Partner um die Gesundheit zu fördern!

Ebenso: Ernährung, Heilpflanzen, Kneipp und andere naturheilkundliche Maßnahmen → metabolisches Syndrom, → Arteriosklerose, → Bluthochdruck, → Fettstoffwechselstörungen, → Gicht, → Diabetes.

Schleimbeutelentzündung

→ Kneipp

Der Schleimbeutel ist ein kleiner, mit einer dünnen Haut ausgekleideter und mit zäher, gallertartiger Masse gefüllter Hohlraum. Seine Aufgabe besteht darin, Spannungen beweglicher Elemente des Bewegungsapparates beim Hinweggleiten über Höcker usw. zu lindern, Druckeinwirkungen zu verteilen und wie ein Stoßdämpfer zu wirken. Bei chronischer Belastung – z. B. als man früher kniend mit Wachs sorgsam den Boden bearbeitete und damit den Schleimbeutel über dem Kniegelenk überforderte – können sehr schmerzhafte, akute Entzündungen entstehen. Heute ist es häufiger der Schleimbeutel über dem Ellbogengelenk. Der Arzt behandelt mit entzündungshemmenden Medikamenten, zusätzlich kann man eine Enzymtherapie durchführen (→ Band 8 Anti-Aging – Mit Enzymen 100 Jahre alt werden). Bei stumpfen Verletzungen kann es auch zu einer Blutung in den Schleimbeutel hinein kommen, und deren Aufsaugung muss energisch betrieben werden, da sonst Bindegewebe einwächst und sich auch Kalk ablagern kann. Damit verliert der Schleimbeutel seine Funktionalität und muss chirurgisch entfernt werden.

Kneipp

- Kältetherapie
- lokale Wärmetherapie

Bei akuter Entzündung ist Kälte, am besten in Form von Kryotherapie, angezeigt, um die Entzündung einzudämmen und den Schmerz zu lindern. Wenn die akuten Veränderungen abgeklungen sind – Wärme lokal, um einen Übergang in eine chronische Entzündung zu verhindern.

Schnitzer-Diät

Der Zahnarzt Johann Georg Schnitzer kam aufgrund unseres Kauapparates zur Überzeugung, dass unsere Kost, so wie sie heute gegessen wird, für den Menschen nicht zuträglich und Ursache einer Reihe von Krankheiten ist. Er beschäftigte sich mit Osteoporose, Übergewicht und anderen Krankheiten, seine Ursachenbeschreibung ist aber heute in wesentlichen Bereichen überholt, da die heutige Ernährungslehre nicht mehr auf spekulativen Überlegungen, sondern auf exakten wissenschaftlichen Untersuchungen beruht.

In seine Überlegungen fließen auch Gedanken ein, die man von → Kollath kennt, und die auch in der modernen Vollwertkost durchaus wieder zu finden sind. Allerdings ist Schnitzers Auslegung wesentlich radikaler. Er empfiehlt eine vorwiegend aus Getreide und Samen bestehende Kost (Rückkehr zur Urnahrung), tierische Nahrungsmittel sollten wesentlich eingeschränkt werden, auch Obst hat bei ihm keine große Bedeutung. Er unterscheidet eine Normalkost, bei der tierisches Eiweiß in Form von Milchprodukten in Maßen erlaubt ist, und auch Kartoffeln und Vollkornbrot, Obst und Gemüse einen Platz haben, von der Intensivkost, einer sehr kalorienarmen pflanzliche Rohkost, bei der nichts Gekochtes erlaubt ist. Schnitzer bezeichnet die »denaturierte, extrahierte, oxidierte, tote, artfremde« Kost als Grundlage allen Übels. Die Normalkost hat in weiten Bereichen Elemente der modernen Vollwertkost, während die Wirkung seiner Intensivkost bei Krankheiten durch nichts bewiesen ist. Im Gegenteil – aufgrund der Einseitigkeit sind Mängel bei Eiweiß und wichtigen Nährstoffen zu befürchten. Schnitzer war eine sehr geschickte Medien-Person und verstand es, seine Thesen, obwohl sie auf wackeligen Beinen stehen, bei weiten Bevölkerungskreisen bekannt zu machen.

Schnupfen

→ Lebensstil
→ Hausmittel → Kneipp
→ Homöopathie
→ Akupressur

Man unterscheidet den allergischen Schnupfen (→ Allergie, soll hier ausgeklammert werden) vom Schnupfen, der durch Krankheitserreger (meistens Viren) oder durch physikalisch-chemische und meteorologische Einflüsse ausgelöst wird. Ist das Abwehrsystem geschwächt oder wird durch eine u. U. nur leichte Zugluft die Abwehrbereitschaft nicht ausgelöst und die Arbeit der Flimmerhärchen »untergraben«, können sich Viren in der Nasenschleimhaut einnisten und vermehren. Die Zeit von der Einnistung der Viren bis zum Auftreten des Schnupfens dauert wenige Stunden bis maximal 2 Tage. Es können auch bereits eingenistete, »ruhende« Viren durch Einflüsse von außen aktiviert werden. Sind Bakterien mit im Spiel, kann der harmlose Schnupfen in eine eitrige Infektion umschlagen. Abschwellende Medikamente (Tropfen, Tabletten, Inhalate) können vorübergehend die Atemwege freier machen und die lästige Sekretion zurückdrängen, aber nach Abklingen der Wirkung schwellen die Schleimhäute reaktiv eher wieder stärker an, die Durchblutung nimmt zu und die »rinnende Nase« nimmt neuerdings ihre volle Aktivität auf. Außerdem ist ein Gewöhnungseffekt zu beobachten. Abschwellende Nasentropfen sollen nie länger als eine Woche verwendet werden. Hilfreich ist warmes Inhalieren mit Gleichenberger oder Emser Sole oder mit physiologischer Kochsalzlösung. Diese Maßnahme sorgt für eine Überwärmung der Schleimhaut und dadurch wird die Vermehrung der Viren eingebremst. Außerdem werden die Flimmerhärchen in Schwung gebracht und sie kommen ihrer Aufgabe der Sekretbeförderung besser nach.

Lebensstil

- ▲ **Vermeidung von Menschenansammlungen**
- ▲ **Vermeidung von Stress**
- ▲ **Vorbeugung**

In Erkältungszeiten Menschenansammlungen meiden – wo viele Menschen sind, sind auch viele aktive Viren! Sie werden in der Regel durch Tröpfcheninfektion übertragen, deshalb ist eine gesunde Distanz ein Akt des Selbstschutzes und keine Diffamierung der Umgebung.

Vorbeugung gegen Schnupfen

- *Täglich spazieren gehen!*
- *Täglich Kneippanwendungen durchführen!*
- *Einmal pro Woche in die Sauna!*
- *Täglich frisches Obst und Gemüse essen, mindestens 400 Gramm!*
- *In allen Monaten, die ein »r« im Namen enthalten, gefütterte Schuhe tragen!*
- *Abhärten durch Barfußgehen nach Kneipp!*
- *Keine Küsse von Verschnupften!*
- *Nicht rauchen!*
- *Raumklima beachten, für Luftfeuchtigkeit sorgen!*

Der Bruderkuss hilft mit beim Vormarsch der Viren! Auf geordneten Lebensstil und genügend Erholung achten – Dauerstress schwächt die Abwehrkräfte!

Immer jedes Nasenloch einzeln reinigen, um zu verhindern, dass Sekret in das Mittelohr oder in die Nebenhöhlen gedrückt wird. Nur Papiertaschentücher zum Einmalgebrauch verwenden. Vorbeugung ist das Wichtigste!

Hausmittel

- ▲ **Nahrungsverzicht**

Als hilfreich bei aufkommendem Schnupfen erweist sich, einen Tag auf feste Nahrung zu verzichten – nur Haferschleimsuppen, Tees, Apfelmus, sonst nichts! Heiße Getränke schluckweise trinken – abwechselnd Kräutertees, Zitronentee, heiße Zitronenlimonade. Keinen Alkohol, keinen Glühwein, keinen Grog etc. Wollmütze aufsetzen, Hals einwickeln – warm halten.

***Alexander Fleming** erhielt 1945 für die Entdeckung des Penicillins, als erstes Antibiotikum, den Nobelpreis. Der Forscher erschien zur Preisverleihung nach Stockholm mit einer starken Erkältung, worauf ein Mitglied des Empfangskomitees trocken bemerkte »Gegen Schnupfen hilft es also nicht!«*

Kneipp

- Ansteigendes Fußbad
- kurze kalte Kneippanwendungen

Bei Schnupfen ist das ansteigende Fußbad das Mittel der Wahl. Durch eine reflektorische Steigerung der Durchblutung der Schleimhäute des Nasenraums werden das Eindringen und die Vermehrung der Viren erschwert. Ansteigendes Fußbad → Band 6 Sebastian Kneipp. Zur Vorbeugung und Abhärtung eignen sich alle kurzen kalten Kneippanwendungen: der kalte Knieguss genauso wie das Wassertreten, die kalte Waschung am frühen Morgen oder Taulaufen und im Winter Schneetreten. Das Abwehrsystem wird trainiert, die Schleimhäute des Nasen-Rachenraums kräftig durchblutet und gestärkt. So trainiert, leisten sie eindringenden Krankheitserregern erheblichen Widerstand – und der Schnupfen wird abgewehrt.

Wenn Sie Kneippanwendungen durchführen, achten Sie auf Regelmäßigkeit und auf rasche Wiedererwärmung nach der kurzen Kaltanwendung.

Beachten Sie: Keine kalten Anwendungen für die Beine, wenn Sie eine Blasenentzündung haben! Alle Möglichkeiten erfahren Sie in → Band 6 Sebastian Kneipp – Vorbeugen, lindern, heilen!

Homöopathie

- Aconit
- Belladonna
- Gelsemium
- Arsenum iodatum
- Cepa
- Dulcamara
- Euphrasia
- Hepar sulfuris
- Kalium bichromicum
- Luffa operculata
- Nux vomica
- Pulsatilla
- Sabadilla
- Silicea
- Teucrium marum
- Corallium rubrum
- Cinnaberis
- Hydrastis
- Mercurius
- Kalium iodatum

Schnupfen ist ein Reinigungsprozess, der nach Auffassung der Homöopathie nicht durch Arzneien unterdrückt werden sollte. Besonders wenn er als Prodromalsymptom, das heißt, der eigentlichen Erkrankung vorauseilend auftritt.

Gerade bei Schnupfen ist die regulierende Naturmedizin angezeigt!

Aconit, Belladonna oder **Gelsemium** sind häufig angezeigte Mittel, wenn der Schnupfen als Beginn einer akuten Krankheit auftaucht.

Aber denken Sie daran: Nicht zu schnell am Beginn einer Krankheit diese – homöopathisch – unterdrücken wollen. Im Folgenden häufig – auch bei so genanntem allergischem Schnupfen – gebrauchte Arzneien:

Arsenum iodatum: Ängstliche Ruhelosigkeit; großer Durst nach kaltem Wasser; inneres Kältegefühl; klebrige, gelbe Absonderung; Schnupfen kann sich in Asthma oder Atemnot auswachsen. Dumpfer, heftiger Schmerz über der Nasenwurzel.

Cepa: Häufiges Niesen, dünnes, wässriges Sekret aus der Nase, das oft wie Feuer brennt, Nasenflügel und Oberlippe wund machend. Fließschnupfen; auch kitzelnder Husten, der aus dem Kehlkopf kommt. Augen tränen reichlich, jedoch ist das Augensekret mild. Schlimmer im warmen Zimmer, deutliche Besserung im Freien. Auslöser oft kalte, feuchte Winde. Die Zwiebel ist auch ein großes Heuschnupfenmittel. Liegt die entsprechende Symptomatik vor, wird sie erstaunlich heilsam wirken können.

Dulcamara: Ausgelöst durch feuchte Kälte; kalte, nasse Füße, oft an den ersten kalten Tagen im Jahr. Bedürfnis nach Wärme.

Euphrasia: Fließender Schnupfen mit starker Augenbeteiligung; Bindehautentzündung; Lidränder gerötet, wund, geschwollen, morgens verklebt. Scharfe Tränen, große Lichtempfindlichkeit.

Hepar sulfuris: Sehr bewährtes, großes Mittel bei gelber Absonderung, Frostigkeit, Zugempfindlichkeit, eventuell Verstopfung der Nase im Freien. Empfindlich auf alle Eindrücke; reizbar; dem Kranken kann man nichts recht machen. Kälte und Luftzug verschlechtern. Besserung in der Wärme und in Ruhe.

Kalium bichromicum: Chronische Nebenhöhlenprozesse, Eiterungen mit reichlich zähklebrigem, fadenziehendem Schleim. Großes Mittel bei immer wiederkehrenden Schleimhautprozessen. In der Wärme alles besser; große Empfindlichkeit auf kaltes Wetter, kalten Luftzug. Der Kranke sucht das warme Bett.

Luffa operculata: Stockschnupfen; akute, chronische Nasennebenhöhlenentzündung ohne Absonderung.

Nux vomica: Fließschnupfen tagsüber, nachts verstopft; reizbar, überempfindlich, oft begleitet von Magensymptomen. Schlechter morgens, durch Alkohol und trockene Kälte. Verlangen nach Wärme und Ruhe.

Pulsatilla: Besonders in Übergangszeiten. Dicke, gelbe Absonderung, vor allem morgens, abends eventuell verstopft; weinerliche oder sehr milde Stimmung. Besser im Freien, an der frischen Luft. Verschlechterung in der Wärme und in geschlossenen Räumen. Wichtiges Symptom: wenig Durst!

Sabadilla: Heftiges, krampfartiges Niesen, Niesanfälle, wässriger, klarer Ausfluss, kälteempfindlich, allergischer Schnupfen. Warme Getränke bessern.

Silicea: Scharfe Absonderung, Nasennebenhöhleneiterungen, geschwächte Konstitutionen, langsame, verzögerte Reaktionen. Bettwärme, heiße Umschläge, Rotlicht bessern.

Teucrium marum: Chronischer, immer wiederkehrender Schnupfen. Geruchsverlust, schleimiges Sekret. Häufig angezeigt nach zu vielen Medikamenten und bei Polypenbildung. Weitere Mittel: Corallium rubrum, Cinnaberis, Hydrastis, Mercurius, Kalium iodatum.

Säuglingsschnupfen

Kranke Säuglinge gehören unverzüglich in die Hände des Kinderarztes.

Mit seinem Einverständnis kann man versuchen, den Schnupfen homöopathisch zu behandeln – eine Möglichkeit, von der auch immer mehr Schulmediziner Gebrauch machen. Die Kleinen können nicht durch die Nase atmen, wachen auf, können nicht gestillt werden, schlafen nicht, fühlen sich sehr unwohl.

Arum triphyllum: Wunde Nasenlöcher und Lippen, verstopfte Nase. Schlimmer im Liegen, nachmittags, nachts.

Sambucus nigra: Kind erwacht aus dem Schlaf mit Atemnot, blauen Lippen. Vollkommen verlegte Nase. Schlimmer im Schlaf, in der Ruhe, vor allem im Liegen. Besser im Aufsitzen.

Akupressur

- Stirn
- Nasenflügel

Schnupfen aufgrund einer Erkältung, aber auch Heuschnupfen, kann wie folgt gelindert werden: Drücken Sie jenen Punkt, der auf der Mittellinie der Stirn liegt, etwas hinter dem Haaransatz. Wenn Sie mit einem Finger der Verlängerung des Nasenrückens folgen, halten Sie genau die Mittellinie ein. Den Punkt sehr kräftig eine halbe Minute lang massieren.

Haben Sie eine »verstopfte Nase«, drücken Sie zwei Punkte, die in der Ecke jedes Nasenflügels genau über dem Mundwinkel liegen. Ebenfalls mindestens eine halbe Minute fest kneten.

Schröpfen

Man unterscheidet blutiges und unblutiges Schröpfen und die Schröpfmassage (Saugglockenmassage, man verzichtet heute auf die Erwärmung und erzeugt das Vakuum in der Glocke mit einer Saugpumpe, welche man auf verschiedene Stufen einstellen kann). Althergebracht wird ein kleiner runder Glaskopf an den Rändern mit Vaseline bestrichen, dann hält man diesen über eine Kerze, damit die Luft im Glas erwärmt wird, der Rand aber kalt bleibt. Dann wird der erwärmte Schröpfkopf auf die Haut gesetzt, wo er sich durch Abkühlung der Luft in der Glocke festsaugt. Beim unblutigen Schröpfen wird die Haut mit Rotlicht vorgewärmt, danach werden acht bis zehn Schröpfköpfe gesetzt. Auf der Haut entstehen blaue Flecken und kleine Blasen. Beim blutigen Schröpfen wird die Haut vor Aufsetzen des Schröpfkopfes kreuzförmig eingeritzt. Bluter dürfen Schröpfen nicht anwenden.

Von manchen Naturheilärzten wird Schröpfen als Therapie bei Verhärtungen, Muskelschmerzen, Verspannungen und Rheuma eingesetzt, vorzugsweise als Schröpfmassage oder unblutiges Schröpfen.

Schröpfen ist genauso wie das Blutegel-Ansetzen eine sehr alte Heilmethode, die nie ganz in Vergessenheit geriet, aber erst neuerdings, mit der Wiederentdeckung der Naturheilmedizin, vermehrt verwendet wird.

Im Mittelalter war es ein schaurig attraktives Zeremoniell, das Bader und Kurpfuscher gerne in aller Öffentlichkeit darboten, um auf ihre Qualitäten als Heiler hinzuweisen. Geschröpft wurde damals mit Schröpfköpfen aus Kuhhorn, Bronze oder Glas, und es kostete eine ganze Menge Geld, wenn man als unglücklicher Heilungssuchender dem Schröpf-Bader in die Hände fiel. Heute ist das Wort »schröpfen« noch immer ein Ausdruck dafür, wenn man jemanden um eine Menge Geld erleichtert.

Auch bei der Schröpfmassage ist das Schröpfkopfglas das Behandlungsinstrument des Therapeuten. Der erwärmte Schröpfkopf wird auf die Haut gesetzt und leicht angedrückt. Das Glas saugt sich fest und kann nun vorsichtig auf der Haut verschoben (massiert) werden.

Schröpfen ist auch ein wichtiger Bestandteil der Hildegard-Medizin *➔ Band 7 Klostermedizin.*

Schroth-Kur

Die Schroth-Kur soll die Selbstheilungskräfte des Körpers anregen, ihn entschlacken und entgiften. Das passiert nicht mehr ganz so, wie sie ihr »Erfinder«, der Bauer Johannes Schroth, einst als Fastenkur vorgesehen hat, aber doch in ähnlicher, nur modernisierter Form. Die Kur verbindet eine einfache, knappe, völlig reizlose, eiweiß- und kochsalzarme, vitaminreiche, vegetarische Kost mit zeitweiligem völligem Flüssigkeitsverzicht. Diese Tage ohne Trinken (hier wird nur ein kleines Glas Wein gestattet) soll für die Nieren eine Erholung bedeuten (mancher Kurgast ist überrascht, wie viel Flüssigkeit er trotzdem ausscheidet). »Herzstück« der Kur ist aber der berühmte Schroth`sche Kurwickel. Und er ist wahrscheinlich das Unangenehmste – trotz aller sonstiger Verzichte – an dieser Kur. Denn wer lässt sich gerne am Abend in ein kaltes, nasses Leintuch wie eine Mumie einwickeln, wird dann mit Federbetten, den österreichischen »Tuchenten«, fest zugedeckt, und bleibt so ein paar Stunden liegen? Es hilft anfangs recht wenig, wenn man erfährt, dass sich der Wickel bald am Körper erwärmt *und dort von selbst trocknet. In der Zeit, in der der Wickel am Körper ist, entsteht durch reaktiven Hitzestau leichtes Fieber, das den Kreislauf anregt und den Stoffwechsel aktiviert.*

Die Diät, die bei der Schroth-Kur gegeben wird, besteht aus altbackenen Semmeln, Haferschleim am Morgen, mittags gibt es Grieß- oder Haferbrei mit altbackenen Semmeln. Semmeln und altes Weißbrot kann man aber essen soviel, man möchte. Um die Darmtätigkeit aufrechtzuerhalten, werden Dörrpflaumen als Kompott zur Nachspeise serviert. Drei Wochen sollte man sich für die Kur Zeit nehmen. Die Schrothkur entspricht heute nicht mehr dem Stand der modernen Medizin. Die geringe Flüssigkeitsmenge belastet den Stoffwechsel, und der Wickel ist sehr anstrengend für den Kreislauf, daher nur für gesunde Menschen ratsam. Der Weingenuss als »Kur« ist fragwürdig. Viele Kurbetriebe, die die Schroth-Kur anbieten, haben schon Adaptationen angebracht und geben ungezuckerte Kräutertees, Gemüsesäfte und dergleichen »außertourlich«.

Schulterschmerzen

Schulterschmerzen gehören zu den häufigsten und den lästigsten Beschwerden des Stütz- und Bewegungsapparates. Wie alle kopfnahen Schmerzen werden sie besonders intensiv und bisweilen sogar quälend erlebt. Schulterschmerzen entstehen meist durch jahrelange Fehl- und Überbelastung – meist in Verbindung mit einer von der Norm abweichenden Besonderheit bestimmter Schulterbestandteile oder der Bereitschaft bestimmter Strukturen, sich schneller abzunützen als der restliche Körper.

Schulterschmerzen können ihre Ursache entweder in einem krankhaften Geschehen in der Schulter selbst oder – gar nicht selten – in Störungen oder Krankheiten der Halswirbelsäule und dem benachbarten Schlüsselbein-Schulterhöhe-Gelenk (Acromio-Clavicular-Gelenk) haben.

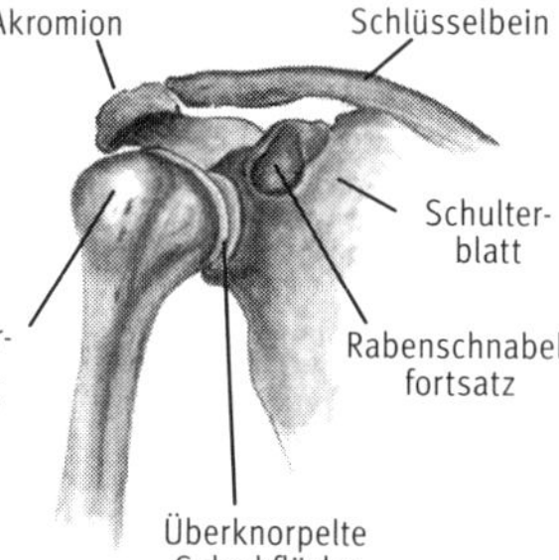

Schulterbedingte Schulterschmerzen

1. Kalkeinlagerung in Sehnenfasern oder in den Schleimbeuteln

Durch eine Veränderung der Zellneubildung von Muskel- und Sehnenfasern oder Schleimbeutelanteilen kann es zur Ablagerung von Kalk in der Umgebung des Schultergelenkes kommen. Solche Kalkablagerungen können durchaus über längere Zeit oder sogar dauerhaft schmerzfrei bleiben. Kommt es jedoch zur Entzündung der Gewebe in der Umgebung der Kalkschollen, entweder weil sie selbst als Fremdkörper wirken oder weil sie bei Bewegungen größeren Umfanges hinderlich sind, treten gelegentlich sehr heftige oder sogar unerträgliche Schmerzen auf.

Die schnellste Behandlung in diesem Fall ist eine gezielte Infiltration im Kalkschollenbereich mit einem Lokalanästhetikum (das früher verwendete Kortison, das auch gute Wirkung zeigte, wird heute wegen langfristiger negativer Nebenwirkungen nicht mehr angewendet). Die Infiltration kann sehr schmerzhaft sein, beseitigt aber den akuten und quälenden Schmerz meist sofort.

Alternativ, meist jedoch in Kombination nach der Infiltration, werden stark wirksame entzündungshemmende, schmerzstillende, antirheumatische Mittel gegeben. Im akuten Stadium empfiehlt sich zusätzlich die lokale Anwendung von Kälte. Chronische, also länger andauernde Beschwerden, sprechen in der Regel auf Physikalische Therapie – Hochfrequenzbestrahlungen, Ultraschall, Peloidpackungen (Moor, Fango usw.) und Laser – gut an. Nur ein kleiner Prozentsatz der erkrankten Schultergelenke lässt sich mit der konservativen Therapie nicht heilen und macht eine chirurgische Intervention notwendig.

2. Das Einklemmungssyndrom der Sehnenkappe

Normalerweise gleitet bei der Aufwärtsbewegung des Armes die Sehnenkappe der Schulter (Rotatorenmanschette) unter dem aus Knochen bestehenden Schulterdach durch. Der dazugehörige Schleimbeutel setzt die Reibung zwischen Sehne und Knochen herab. Alle diese Strukturen befinden sich in einem relativ komplizierten Gleichgewicht. Wird dieses Gleichgewicht aus irgendwelchen Gründen, zum Beispiel durch ein angeborenes schnabelförmiges Schulterdach, gestört, bleibt der Sehne nicht genügend Platz zum Durchgleiten. Bei jeder Schulterbewegung wird die Sehne unter dem verformten Dach eingeklemmt, es kommt zu kleinen Einblutungen, kleinsten Faserrissen und vor allem zur schmerzhaften Entzündung.

Sollte die oben beschriebene konservative Behandlung nicht zum Erfolg führen, wird auf arthroskopischem Weg der Platz für die Rotatorenmanschette erweitert, indem ein dickes Band eingekerbt und das Schulterdach ausgefräst wird. Die Erfolgsrate und die Möglichkeit der Schmerzbeseitigung sind für diese Operation außerordentlich hoch, sie liegt bei etwa 96 Prozent.

3. Riss der Sehnenkappe

Die Rotatorenmanschette reißt meist bei lange bestehender Einklemmung der Sehne und kräftigen, ruckartigen Bewegungen zur Lockerung. Betroffen sind häufig Patienten mit altersbedingten Strukturveränderungen der Manschette im höheren Lebensalter. Sie klagen über Schmerzen in Ruhe und bei Bewegung. Der Arm ist kraftlos und kann in der Schulter zur Seite hin schlecht oder gar nicht angehoben werden. Die konservative Behandlung setzt man nur bei sehr alten Patienten ein. Bei jüngeren und vor allem aktiveren Menschen versucht man zuerst auch die konservative Therapie; wenn sie ohne Wirkung bleibt, müssen sie sich einer Operation unterziehen. Dabei wird entweder arthroskopisch oder offen die Sehne stabil im Oberarmkopf verankert und zusätzlich der Raum unter dem Schulterdach durch Ausfräsen oder Abmeißeln erweitert – damit der rekonstruierte Sehnenapparat genug Platz für die Bewegungen bekommt und nicht neuerlich reißen kann.

4. Abnützung des Schultergelenkes

Auch das Schultergelenk kann, wie jedes andere Gelenk, durch degenerative Veränderungen → Arthrose, Schmerzen verursachen. Aufgrund der kleinen Pfanne und des großen Oberarmkopfes sind die oben beschriebenen Störungen der Muskulatur, der Sehnen und der Bänder, also der Weichteile, jedoch weitaus häufiger. In den Anfangsstadien ist die konservative Behandlung mit Knorpelaufbau, Infiltrationen und physikalischen Maßnahmen zumeist erfolgreich. Ist aber der Gelenkknorpel vollständig zerstört und haben sich massive Randleisten und Knochensporne gebildet, muss an den Einbau eines künstlichen Schultergelenkes gedacht werden.

Halswirbel-bedingte Schulterschmerzen

Die Schmerzen im Bereich einer oder beider Schultern können durch Störungen im Bereich der Halswirbelsäule verursacht werden. Die häufigste Ursache sind Fehlhaltungen der unteren Halswirbelsäule, wodurch die Bewegungen in den kleinen Wirbelgelenken erschwert werden und allmählich zu degenerativen Veränderungen mit entsprechenden Schmerzen, die zu den Schultern hin ausstrahlen, führen und ihrerseits reflektorisch muskuläre Verspannungen auslösen. Sie werden am besten durch Infiltrationen, physikalische Behandlungen und vor allem Heilgymnastik therapiert. Eine richtige Lagerung in der Nacht, die die normale Krümmung der Halswirbelsäule unterstützt (Nackenrolle) ist die Basis jeder Therapie. Fehlhaltungen am Arbeitsplatz müssen ausgeschaltet werden. Manchmal ist eine zeitlich begrenzte Ruhigstellung mit einer so genannten Schaumstoffkrawatte notwendig.

Schmerzen im Schlüsselbein-Schulterhöhe-Gelenk

Dieses relativ kleine Gelenk mit eher geringem Bewegungsumfang wird bei allen Bewegungen des Schultergelenks mitbewegt. Es ist demnach relativ starken Belastungen ausgesetzt und störungsanfällig. Es bilden sich degenerative Veränderungen (→ Arthrose) mit allen negativen Auswirkungen.

Bei entzündlichen Reizungen ist schon ein leichter Druck auf das oberflächlich liegende Gelenk schmerzhaft und klärt die Diagnose. Die Therapie richtet sich nach dem Stadium und folgt den gleichen Prinzipien, wie sie bei der Abnützung des Schultergelenkes angegeben wurden.

Schuppenflechte

→ Psoriasis

Schwindel

Das Gleichgewichtsorgan im Innenohr ist verantwortlich für die Orientierung im Raum, für die Blickstabilisierung und die Körperhaltung. Eine Störung des Gleichgewichtsorgans führt in der Regel zu einem Drehschwindel, den man vom Unsicherheitsschwindel durch mangelhafte Verarbeitung von Sinneseindrücken und Koordinationsstörungen abgrenzen kann. Zum Drehschwindel gesellen sich noch häufig Übelkeit, die Unfähigkeit, einen bestimmten Punkt im Raum zu fixieren und eine Fallneigung.

Das Gleichgewichtsorgan übermittelt dem Gehirn zu jedem Zeitpunkt die Lage und Bewegung des Kopfes. Daraufhin gibt das Gehirn die Anweisung, das Gleichgewicht des Körpers darauf auszurichten. Das Gleichgewichtsorgan hat einen komplizierten Aufbau und das wesentliche Registrierelement sind die flüssigkeitsgefüllten bogenförmigen Röhren, die drei Bogengänge, die nach den drei Ebenen des Raumes (von vorne nach hinten – von oben nach unten – von links nach rechts) ausgerichtet sind. Kleine korpuskulare Teilchen in der Flüssigkeit (Endolymphe) erregen die feinen Härchen der Sinneszellen und diese melden den Impuls an das Gehirn. Ist ein, oder sind mehrere Glieder in dieser Kette gestört, kommt es zum Schwindel.

Häufige Schwindelarten

Gutartiger Lagerungsschwindel

Er tritt beim gesunden Menschen am Morgen bei der ersten Drehung des Kopfes oder beim Versuch aufzustehen auf und kann von Schweißausbruch und Übelkeit begleitet sein. Ursächlich sind feine korpuskulare Ablagerungen in den Bogengängen, die die Bewegung der Flüssigkeit behindern. Die Behandlung erfolgt mit Lagerungstraining, man versucht dadurch die Ablagerungen wieder zu lösen: 30 Sekunden auf der Bettkante sitzen, rasche Seitenlagerung, bis der Schwindel abklingt, 10-mal mit Seitenwechsel wiederholen, alle 3 Stunden trainieren, aufhören, wenn der Schwindel 2 Tage lang nicht auftritt. – Abzugrenzen von der morgendlichen orthostatischen Kreislaufregulationsstörung, wo beim Aufrichten das Blut in die Beine absackt und das Gehirn vorübergehend zu wenig Sauerstoff bekommt. Auch dabei tritt anfangs Schwindel auf, der aber zum Kollaps führen kann ➔ Meniere'sche Erkrankung

Akuter Ausfall des Labyrinths

Dabei kommt es zu einem unter Umständen tagelang anhaltenden Drehschwindel mit Fallneigung und Übelkeit bis zum Erbrechen. Die Symptome lassen allmählich nach, können aber attackenweise immer wieder auftreten. Behandelt wird mit Medikamenten und mit Krankengymnastik.

Schädigung des Gleichgewichtsnervs

Ursache sind häufig Medikamente, die als Nebenwirkung den Gleichgewichtsanteil des VIII. Gehirnnervs (nervus statoacusticus) schädigen oder auch entzündliche Prozesse – Schäden, die oft nicht mehr behebbar sind.

Gürtelrose des Ohrs

Schwindel mit Ohrensausen und Hörminderung und meist auch mit Schmerzen. Ursache ist ein Befall der Umschaltstellen des Gleichgewichtsnervs, meist in Verbund mit Befall des Trigeminusnervs durch Herpesviren. ➔ Gürtelrose

Der akute Hörsturz

wird durch eine Störung der Durchblutung des Gleichgewichtsorganes verursacht. Neben Schwindel kommt es auch zu einer plötzlich einsetzenden Innenohrschwerhörigkeit oder Taubheit, meist sind Menschen im mittleren Alter betroffen. Die medikamentöse Behandlung muss sofort einsetzen, damit es zu keinem Untergang der Sinneszellen im Gleichgewichtsorgan kommt.

Durchblutungsstörungen

führen mit zunehmendem Alter häufig zu Schwindelattacken. Typisch sind ein plötzlich einsetzender Drehschwindel, fallweise Schluckstörungen und Doppelbilder. Ursache sind arteriosklerotische Veränderungen der Gefäße, wie sie besonders bei Patienten mit Bluthochdruck, Fettstoffwechselstörungen und Diabetes vorkommen. In der Regel eingebettet in eine Reihe von Symptomen, die ebenfalls durch degenerative Gefäßveränderungen verursacht sind. Die Behandlung erfolgt mit Medikamenten. → Arteriosklerose

Niedriger Blutdruck

verursacht häufig harmlose Schwindelanfälle. Es ist eigentlich eher ein Benommenheitsgefühl, der Schwindel tritt sehr häufig bei Lagerungswechsel auf, z. B. beim raschen Aufstehen, beim Aufrichten nach Bücken. Sport und Kneippanwendungen sind die richtige Behandlung, Medikamente führen bestenfalls zu einer kurzfristigen Besserung.

Depressionen und Panikattacken

können von Schwindel begleitet sein. Die Therapie richtet sich nach der zugrunde liegenden Erkrankung.

Schwindel als Nebenwirkung

Schwindel ist nicht selten eine unerwünschte Nebenwirkung von Medikamenten, meist in Form von Unsicherheits- und Benommenheitsgefühl. Ursache ist häufig eine unsachgemäße zeitliche Einnahme, eine selbständige Dosisänderung durch den Patienten oder eine individuelle Unverträglichkeit.

Schwindel kann auch Symptom bei schwereren Herz-Kreislauf-Erkrankungen sein, wenn es zu einer Schädigung im System der Erhaltung des Gleichgewichtes kommt. Auch Hirntumoren, Hirnblutungen, Gehirn- und Hirnhautentzündungen können Schwindel verursachen.

Weiters kann Schwindel durch Vergiftungen und übermäßigen Alkoholgenuss erzeugt werden. Schwindelattacken müssen jedenfalls möglichst rasch ärztlich abgeklärt werden um die Ursache herauszufinden, da es sonst zu bleibenden Schäden kommen kann.

Schwindel

- *Gelegentlich – meist harmlos*
- *Gehäuft, kombiniert mit anderen Symptomen – meist nicht harmlos, ärztlich abklären*
- *Akuter Schwindel mit Hörminderung – Verdacht auf Hörsturz – sofort zum Arzt!*

Schwitzen, übermäßiges

→ Heilpflanzen
→ Lebensstil

Schwitzen ist eine normale und wichtige Funktion der Haut, als Teil des Temperaturregelsystems des Menschen. Dieses System hat dafür zu sorgen, dass die Körperkerntemperatur immer konstant bleibt, auch wenn von außen oder innen verschiedene Temperaturreize einwirken. Nur bei konstanter Temperatur im Körperinneren können die Stoffwechselvorgänge und Organfunktionen normal ablaufen. Die Wärmeproduktion erfolgt durch chemische Reaktionen und durch muskuläre Tätigkeit (Schlagen der Arme zur Erwärmung bei Kälteeinwirkung von außen). Die Wärmeabgabe geschieht durch Abstrahlung über die Haut und die Atemluft. In besonderem Maße passiert sie durch die Schweißabgabe, denn beim Verdunsten des Schweißes an der Körperoberfläche wird dem Körper eine große Kalorienzahl abverlangt und damit ein kräftiger Kühleffekt erreicht. Wenn zum Beispiel bei anstrengender Tätigkeit oder großer Hitze die Körperkerntemperatur anzusteigen droht und der alleinige Kühleffekt über die Haut und die Atmung nicht ausreicht, werden die Schweißdrüsen der Regelzentrale über das vegetative Nervensystem zu verstärkter Schweißbildung mobilisiert. *→ Kneipptherapie, Band 6*

So weit die normale, zweckbestimmte Aufgabe der Schweißdrüsen zur Temperaturregulation. Bestimmte Stoffwechselstörungen, Schilddrüsenüberfunktion, hormonelle Verschiebungen im Klimakterium, Übergewicht, hohe Kalorienaufnahme und scharf gewürzte Speisen können zusätzlich die Wärmeproduktion ankurbeln und so zu eigentlich unzweckmäßigem Schwitzen führen. Übergewichtige können durch die Fettschicht die Wärme schlechter abgeben, daher wird an den Sympathikus andauernd »Temperatur zu hoch« gemeldet und es kommen auch andauernd Impulse zur Schweißabgabe. Koffein, Salz, scharfe Gewürze regen den Sympathikusnerv ebenfalls an. Da die Funktion der Schweißdrüsen dem vegetativen Nervensystem unterliegt, kann jede emotionale Erregung (Aufregung, Scham, Zorn, Nervosität) zu einem übermäßigen Schwitzen führen. Schweißdrüsen sind besonders dicht an den Hand- und Fußflächen, sowie an den Leisten, unter der Achsel und vor allem an der vorderen (über dem Brustbein) und hinteren (zwischen den Schulterblättern) Schweißfurche zu finden. Daher macht sich auch hier ein übermäßiges Schwitzen zuerst bemerkbar. Der üble Geruch entsteht erst durch die bakterielle Besiedelung der Haut, die Bakterien zersetzen den Schweiß.

Bei Stoffwechselstörungen muss die Grundkrankheit behandelt werden. Hitzewallungen und Schweißausbrüche während des Klimakteriums (→ Wechselbeschwerden) lassen sich durch Hormonbehandlung, aber auch durch zahlreiche moderne Phytotherapeutika bessern.

Gegen Schweißgeruch sind zahlreiche Deodorants im Handel, als Stift, Puder, Spray, Roller. Sie hemmen die Vermehrung von Bakterien und damit die Geruchsbildung. Antitranspirantien haben einen anderen Wirkmechanismus: Sie wirken über eine Verengung der Ausführungsgänge der Schweißdrüsen und können die Schweißabgabe um mehr als die Hälfte reduzieren. Die Folgen sind nicht nur unangenehme Reizungen der Haut, sondern es können auch Ekzeme und Entzündungen entstehen. Antitranspirantien sollten nur als »Retter in der Not« ab und zu angewendet werden.

Heilpflanzen

- Salbei
- Kamille
- Ackerschachtelhalm
- Walnuss
- Eichenrinde
- Weidenrinde

Die bekannteste Heilpflanze gegen übermäßiges Schwitzen ist der Salbei. Er wird äußerlich für Waschungen und innerlich als Tee angewendet. Salbei hat eine desinfizierende Wirkung, d. h., er hilft bei übermäßigem Schwitzen nicht nur die Schweißproduktion zu senken, sondern wirkt auch antibakteriell und daher geruchsmindernd. Für den Tee werden 2 bis 3 Teelöffel getrockneter Salbei mit 1/4 Liter Wasser übergossen und 15 Minuten ausgezogen. Magenempfindliche Menschen vertragen den Tee nicht gut. Salbei gibt es auch in homöopathischer Dosierung in Tropfen, man nimmt mehrmals am Tag einige davon.

Während der Schwangerschaft sollte Salbei innerlich nicht verwendet werden.

Weitere Heilpflanzen, die für Waschungen und als Badezusatz bei übermäßigem Schwitzen empfehlenswert sind: Kamille, Ackerschachtelhalm, Walnuss, Eichenrinde und Weidenrinde.

Lebensstil

- Stressabbau
- Entspannung
- Maßvolles Essen
- Vermeidung von Kaffee

Übermäßiges Schwitzen ist oft psychisch zumindest mitbestimmt, Stressabbau und Entspannung sind daher wichtig (→ Band 10 Richtig entspannen).

Vermeiden Sie übermäßiges und scharf gewürztes Essen sowie Kaffee, um die Wärmeproduktion nicht zusätzlich anzukurbeln.

Sehnenscheidenentzündung

→ Hausmittel

Damit wird eine akute oder chronische Entzündung des Gleitapparates der Sehnen bezeichnet. Ursachen können Infektionen, in erster Linie aber Überanstrengungen sein. Am häufigsten ist sie im Bereich des Handgelenkes, wo die Beugesehnen der Hand und Finger verlaufen, deren zugehörige Muskeln sich am Unterarm befinden. Nicht selten ist auch die Achillessehne betroffen. Eine ständige Überlastung führt zu winzigen Verletzungen der Sehnenscheidenwand und zu Entzündungsreaktionen. Die Behandlung erfolgt mit Kälte und Ruhigstellung.

Hausmittel

- Essigsaure Tonerde
- kalte Lehm- oder Topfenwickel
- Enzymtherapie

Gut bewährt haben sich Umschläge mit essigsaurer Tonerde sowie kalte Lehm- oder Topfenwickel, die man über Nacht auf dem Handgelenk belässt.

Auch ein Versuch mit einer Enzymtherapie lohnt sich bei diesen unangenehmen Erscheinungen! → Band 8 Anti-Aging – Mit Enzymen 100 Jahre alt werden.

Sodbrennen

→ Reflux

Speiseröhrenentzündung

Die Entzündung der Speiseröhre kann durch einen Hefepilzbefall entstehen, häufiger ist allerdings eine Entzündung der Speiseröhre als Folge von Reflux. Die Schleimhaut der Speiseröhre wird normalerweise von dem alkalischen Speisenbrei aus der Mundhöhle durchflossen und auf den zurückfließenden saueren Magensaft reagiert sie mit Entzündung. Die Krankheit muss unbedingt behandelt werden, da es aufgrund der Entzündung zu narbigen Veränderungen und in der Folge zu krebsigen Entartungen kommen kann. Eine andere Ursache können Medikamente, wenn sie ohne genügende Flüssigkeitszufuhr eingenommen und nicht weitertransportiert werden, sein. Sie bleiben in der Speiseröhre stecken und schädigen die Schleimhaut (→ Sodbrennen).

Star, grüner, grauer

Der graue und mit Abstand der grüne Star sind die häufigsten Ursachen für eine Sehminderung.

Der grüne Star (Glaukom)

Mit grünem Star wird eine Erhöhung des Augeninnendrucks bezeichnet, der, unbehandelt, zu einer Schädigung des Sehnervs, anfangs mit Gesichtsfeldausfällen und im Endstadium mit Verlust des Augenlichtes, führt. Es gibt mehrere Glaukomarten. Weitaus an der Spitze, mit etwa 60 – 70 % der Gesamtzahl, liegt das Offenwinkelglaukom, das sich langsam entwickelt und lange Zeit unbemerkt bleibt. Dies umso mehr als der Augeninnendruck, abgesehen von einer Differenz zwischen rechts und links, bei einem Sechstel der Glaukomfälle normal oder sogar niedrig sein kann. Erst die für Glaukom typischen Gesichtsfeldausfälle führen zur Diagnose. Bei Glaukom mit normalem Augeninnendruck genügt dieser Duck offenbar bereits, um eine Sehnervenschädigung auszulösen. Besonders tückisch ist das akute Winkelblockglaukom, das sich in kurzer Zeit mit einem tiefroten Auge mit Pupillenstarre, heftigen Schmerzen mit Brechreiz und Sehstörungen entwickelt. Nur rascheste operative Intervention kann das Auge retten. Weitere Formen sind mit anderen Augenkrankheiten verbunden.

Die Ursache für die Änderung der Druckverhältnisse im Auge ist ein Missverhältnis zwischen Produktion und Abfließen von Kammerwasser. Die Flüssigkeit staut sich und der Druck erhöht sich. Die Diagnose erfolgt durch eine sehr einfache Messung des Augeninnendrucks. Zur Behandlung stehen Augentropfen zur Verfügung oder es wird mit einer kleinen Operation ein künstlicher Abfluss für das Augenwasser geschaffen.

Die regelmäßige fachärztliche Kontrolle (alle 3 Jahre am dem 40. Lebensjahr) schützt! Wenn in der Familie bereits Glaukomfälle aufgetreten sind und bei Gefäßrisiko ist eine jährliche augenärztliche Kontrolle angezeigt!

Der graue Star (Katarakt)

Als grauer Star wird die Trübung der Augenlinse bezeichnet. Die Ursache für »Katarakt« ist in den meisten Fällen das fortgeschrittene Alter, selten sind Augenverletzungen, Medikamente oder Strahlen für die Linsentrübung verantwortlich. Der graue Star entwickelt sich langsam, zur eigentlichen Beeinträchtigung des Sehvermögens kommt es relativ spät. Da dies vom Lichteinfall abhängig ist, wird es zuerst als grauer Schleier beim Blick gegen die Lichtquelle bemerkt, zum Beispiel bei der Autofahrt gegen die Sonne. Ansonsten verliert alles langsam an Schärfe, die Farben leuchten weniger, bis man schließlich meint, alles durch ein Milchglas zu sehen. Manche Brillenträger sehen vorübergehend sogar wieder besser, der Grund liegt in einer Änderung der Lichtbrechung durch die Linsentrübung.

Die Behandlung erfolgt heute durch eine kleine Operation, bei der die trübe Linse entfernt und durch eine Kunststofflinse ersetzt wird. Je nach Art der eingesetzten Linse kann sich danach sogar das Tragen einer Brille erübrigen! Die Operationsdauer beträgt etwa 15 Minuten. Für viele Patienten ist die neu gewonnene Sehkraft nach der Operation ein einschneidendes Erlebnis, die Natur wird wieder in allen Nuancen wahrgenommen, die Fauna, die Flora – ein Stück Lebensqualität ist zurückgekehrt.

Nach der Staroperation sollte man in den ersten Wochen nicht schwimmen und körperliche Anstrengungen vermeiden. Nach etwa einem Monat kann im Bedarfsfall die Brille neu angepasst werden.

Naturheilkundliche Verfahren haben hier nicht viel anzubieten.

Teebaumöl

Für viele Menschen ist es ein bewährtes Hilfsmittel bei verschieden Hautproblemen, Erkältungskrankheiten, Muskel- und Gelenkbeschwerden.

Nur wenige Naturheilmittel mit einer empirisch bekannten Wirkung sind so gering toxisch (giftig) wie das Teebaumöl. Bei äußerlicher Anwendung wurden bis heute kaum Nebenwirkungen festgestellt. Vor einer Einnahme ist allerdings abzuraten. Vorsicht ist auch bei den Augen geboten, hier würde das Öl – im Gegensatz zur Anwendung bei offenen Wunden – ein heftiges Brennen verursachen. Es kann ansonsten bedenkenlos auch für Kinder verwendet werden. Allergische Reaktionen sind nur in wenigen Fällen aufgetreten.

Wirkung:

- ***antibakteriell:***

  Es eignet sich besonders zur ersten Hilfe bei Entzündungen, Insektenstichen und Verletzungen aller Art. Durch seine desinfizierende Eigenschaft ist es in der Hautpflege wertvoll.

- ***antiviral:***

  Viren sind für viele Erkrankungen verantwortlich. Teebaumöl hilft gut bei Viruserkrankungen wie Herpes.

- ***antimykotisch:***

  Es besitzt pilztötende Eigenschaften. Auch gegen Parasiten und Insekten (bei Mensch und Tier) wird es mit großem Erfolg als natürliches und wirksames Mittel, z. B. gegen Läuse, Flöhe etc. eingesetzt.

  Teebaumöl, das einen eigentümlichen, muskatnussähnlichen Geruch besitzt, wird aus dem australischen Myrtengewächs Melaleuca alternifolia gewonnen. Aus den jungen, frischen Blättern wird das ätherische Öl destilliert.

Tetanus

Der Wundstarrkrampf, eine gefährliche, oft tödliche Wundinfektion mit typischen Krämpfen, wird durch das vom Bakterium Clostridium tetani produzierte Nervengift verursacht. Das Bakterium mit seinen äußerst resistenten Sporen (ruhende Langzeitaggregate) findet sich weltweit in Böden sowie im tierischen und im menschlichen Darm.

Tropische Böden sind stärker belastet. Die Krankheit tritt noch immer weltweit auf, in den Industrienationen – wo die Bevölkerung weitgehend geimpft ist – allerdings selten, und ist meldepflichtig! Seit 1938 gibt es bereits einen Aktiv-Impfstoff, der vorerst nur Soldaten verabreicht wurde, heute aber Allgemeingut ist. Die Schutzimpfung ist äußerst wirksam, der Impfschutz beträgt nahezu 100 %.
Die Impfung wird in 3 Teilen verabreicht: die erste Auffrischung nach 1 Monat, die 2. Auffrischung nach 1 Jahr, weitere Auffrischungen alle 10 Jahre. Bei Reisen in Länder mit niedrigem Hygienestandard und bei Verletzungen werden Auffrischungen alle 5 Jahre empfohlen.
Außerdem steht auch ein Tetanus-Immunglobulin (mit Tetanus-Antikörpern) für die passive Impfung zur

Verfügung, dieses wird bei großflächigen, verschmutzten Wunden und wenn keine ausreichende Impfdokumentation vorhanden ist, simultan zur aktiven Impfung verabreicht. Wenn man sich nicht sicher ist, ob noch Impfschutz besteht, kann man auch den Antikörper bestimmen lassen. Bei immunschwachen Personen sollte nach der Impfung zur Überprüfung des Schutzes der Antikörperspiegel bestimmt werden.

Thrombosen

→ Venenerkrankungen

Tinnitus

Beim Tinnitus – ein leider viel zu vielen Menschen aus eigener Erfahrung bekannter Begriff – handelt es sich um eine Fehldeutung von Hörgeräuschen im Gehirn. Er äußert sich in einem zeitweiligen oder dauernden vermeintlichen Geräusch, in einem oder beiden Ohren, mit unterschiedlicher Intensität und Ausprägung. Es ist die konstante oder immer wiederkehrende subjektive Wahrnehmung eines Tones oder Geräusches, das im Gegensatz zu den objektivierbaren Ohrgeräuschen vom Untersucher nicht gehört wird. Sehr vielgestaltige Töne, z. B. pfeifende, klingelnde, rauschende, brummende, sägende und klopfende Geräusche werden beschrieben. Diese Geräusche bzw. Töne können kontinuierlich, unterbrochen, abschwellend und in ihrer Frequenz modulierend vorkommen.

Lärmbelastung und Stress erhöhen das Risiko, die Ursache für die Entstehung des Tinnitus ist jedoch noch nicht bekannt. Im Prinzip kann bei jeder Erkrankung des Gehörorgans ein Tinnitus auftreten, er kann aber auch ganz allein vorkommen. Die genaue Erhebung der Krankengeschichte, regelmäßige Blutdruckkontrollen und eine umfassende HNO-ärztliche Untersuchung sind zum Ausschluss einer zugrunde liegenden Erkrankung erforderlich. Die Therapie erfolgt medikamentös, einschließlich durchblutungsfördernder Infusionen, Elektrotherapie usw. Selbst eine ständige Berieselung mit Musik wird zur Verdrängung versucht. Die Therapie spricht umso besser an, je früher sie begonnen wird. Eine Behandlungsmethode aus den USA (Tinnitus Retraining Therapie) zeigte dort gute Erfolge, in Europa sind ärztliche und psychologische Betreuung der Patienten jedoch vorrangig. Grundkrankheiten müssen naturgemäß fachgerecht behandelt werden.

Tinnitus kommt in jedem Lebensalter vor, 5 – 7 % der Erwachsenen leiden daran. Wegen der zunehmenden Lärmbelastung bei Jugendlichen, z. B. in Diskotheken oder über Walkman, klagen heute bereits über 5 % der jungen Erwachsenen bis zum 30. Lebensjahr über die Symptome eines Tinnitus.

Häufige Folgen sind Schlafstörungen, Angstzustände, Depressionen (die ihrerseits die Entstehung des Tinnitus begünstigen), Arbeitsunfähigkeit bis hin zum Selbstmord.

Mögliche organische Ursachen:

- *Durchblutungsstörungen infolge einer Arteriosklerose, begünstigt durch Bluthochdruck, Rauchen, Fettstoffwechselstörungen, Diabetes, Übergewicht*
- *Fehlfunktionen der Halswirbelsäule mit Beeinträchtigung der in den seitlichen Fortsätzen verlaufenden Vertebralarterien, die die hintere Schädelgrube mit Blut versorgen*
- *niedriger Blutdruck (kann zu Mangeldurchblutungen führen)*
- *alle einschlägigen Erkrankungen des Gehörorgans und des Zentralnervensystems*
- *Lärm*
- *erblich bedingte Schäden*
- *Verletzungen*
- *Vergiftungen*
- *rascher Druckanstieg (z. B. Sinkflug)*

Mögliche psychische Ursachen:

- *extreme physische Überlastungen*
- *seelische Überforderung*

Allen die vergeblich nach Hilfe suchen, sei gesagt, dass viele ihrer Leidensgenossen zum letzten Ausweg greifen und die lästigen Geräusche ignorieren lernen. Wenn Grundkrankheiten auszuschließen sind, ist dieser Weg der einfachste und hat sich schon vielfach bewährt. Man lernt auf die Geräusche nicht mehr zu achten und vermisst sie, wenn sie einmal nicht auftreten.

Tonsillitis

→ Angina

Toxoplasmose

→ Lebensstil

Vor etwa 100 Jahren wurde jene Erregergruppe (Protozoen) entdeckt, zu der auch die Toxoplasmen zählen. Diese Erreger können bei Frischinfektionen von Schwangeren auf das Ungeborene übertragen werden und mit relativ großer Wahrscheinlichkeit erhebliche bis lebensgefährliche gesundheitliche Schäden anrichten: Totgeburt, Störungen der Hirnentwicklung, Wasserkopf, Entzündungsherde in den Augen, Hörstörungen, Verkalkungsherde im Gehirn u.v.m. Neben den Feten sind vor allem Patienten mit unterdrücktem Immunsystem gefährdet. Nach serologischen Untersuchungen sind in den USA etwa 20 – 40% der gesunden Bevölkerung seropositiv. In Europa liegen die Zahlen niedriger.

Etwa die Hälfte der Schwangeren besitzt keine Antikörper gegen Toxoplasmose! Die Infektion mit Toxoplasmen erfolgt in erster Linie durch den Kontakt mit dem Stuhl infizierter Katzen, die den Erreger ausscheiden. Erst nach etwa 1 bis 5 Tagen werden die Erreger infektiös. Katzen infizieren sich ihrerseits mit so genannten Zystenformen des

Erregers, welche sich im Gehirn und Fleisch von Beutetieren, wo sie Jahre hindurch überleben können, und dann im rohen Futterfleisch finden. Das Wichtigste ist also die Hygiene: Der Kot von Katzen muss sofort entsorgt werden, bei dieser Tätigkeit Gummihandschuhe tragen, nach jedem Kontakt mit Haustieren sorgfältig Hände waschen und das Katzenfutter genügend erhitzen. Kennt man diese Zusammenhänge, kann man der Gefahr unschwer aus dem Weg gehen.

Wesentlich wichtiger sind für die Schwangere wahrscheinlich andere Infektionsquellen, z. B. ungenügend erhitzte Fleischspeisen.

Weiters sind Bodenverunreinigungen eine gefahrenträchtige Infektionsquelle. Der Katzenkot verteilt sich am Boden bis zur völligen Vermischung mit Erde. Auf diese Weise entstehen sehr widerstandsfähige Erreger, die über einen langen Zeitraum infektionstüchtig bleiben. Daher sind Gemüse und Salate, aber auch Kräuter, die gartenfrisch ins Haus gebracht werden, immer besonders sorgfältig unter fließendem Wasser zu reinigen.

An dritter Stelle möglicher Gefahrenquellen stehen Reisen in Länder mit ungenügender Nahrungsmittelhygiene. Reisen in Dritte-Welt-Länder sollten Schwangere nach Möglichkeit vermeiden.

5 % aller Infektionen mit Toxoplasmen werden mit dem Genuss nicht oder ungenügend pasteurisierter Milch in Verbindung gebracht.

Von den Fleischsorten, die mit Toxoplasmen verseucht sind, ist das Schweinefleisch, das von Mastschweinen mit genau kontrolliertem Mastfutter stammt, am wenigsten betroffen, Schafe gelten etwa zu 33 % als seropositiv und Ziegen zu 42 %.

Lebensstil

- **Durchgaren von Fleisch**
- **Lebensmittelhygiene**

Zur Vorbeugung gegen Toxoplasmen und andere Erreger gilt:

- Kein ungenügend durchgegartes Fleisch essen.
- Bei der Aufbewahrung und Zubereitung von Nahrungsmitteln immer äußerste Hygiene walten lassen.
- Gemüse, Salate, Obst, Beeren und Kräuter vor dem Genuss unter fließendem Wasser gründlich reinigen.

Trennkost

Der amerikanische Arzt Howard Haye litt Ende des 19. Jhdts. an einer schweren Nierenerkrankung. Er stellte seine Ernährung um und heilte sich damit angeblich.

Seitdem ist die Hay'sche Trennkost in alternativen Ernährungskonzepten fest verankert und es wurden von Haye-Schülern verschiedene Trennkost-Formen entwickelt, wenngleich sich diese Ansichten durch die Kenntnis der Verdauungsvorgänge und das Ineinandergreifen verschiedener Bereiche des Stoffwechsels klar widerlegen lassen.

Das zentrale Anliegen der Trennkost ist es, konzentrierte Kohlenhydrate und konzentriertes Eiweiß nicht gemeinsam zu verzehren, da diese nicht gleichzeitig verdaut werden könnten. Öle und Fette würden sich im Körper »neutral« verhalten. Durch die ungenügende Verdauung vor allem der Kohlenhydrate, die im Körper zu gären beginnen, würde der Körper übersäuert, was die Ursache für fast alle Zivilisationskrankheiten sei. Wer dagegen die Trennung von Kohlenhydraten und Eiweiß durchhielte, der werde von Krankheiten geheilt, nehme dauerhaft Körpergewicht ab und Wohlbefinden sei der Lohn. Einige Trennkost-Befürworter versteigen sich sogar so weit, die Milch abzulehnen. Andere wiederum bauen Obst und Gemüse, Vollwertgetreide und Hülsenfrüchte, Milchprodukte und Nüsse in den Ernährungsplan ein und kommen so insgesamt zu einer der Vollwertkost sehr ähnlichen Ernährung, die sich nur durch die Kombination der Lebensmittel unterscheidet.

Die Trennkost beruht auf völliger Unkenntnis der Physiologie. Eiweiß und Kohlenhydrate können selbstverständlich nebeneinander im sauren Milieu des Magens und dann in der basischen Umgebung des Dünndarms aufgespalten werden.

Trennkost-Anhänger beschäftigen sich intensiv mit gesunder Ernährung, das bringt Vorteile, weil die Lebensmittel sehr bewusst ausgewählt werden und die quantitative Überernährung dadurch hintangehalten wird. Im Übrigen kann die Trennkost zur Gewichtsreduktion über einige Wochen ohne Schaden zu nehmen gegessen werden und bringt auch sichtbaren Erfolg. Langfristige Trennkost muss aber abgelehnt werden. Durch die ungewohnte Zusammenstellung der Speisen – z. B. Fleischspeisen ohne Beilage zu essen – wird zumeist auch weniger gegessen, und die dadurch geringere Energiezufuhr wirkt sich auf das Körpergewicht günstig aus.

Tuberkulose

→ **Lebensstil**

Robert Koch entdeckte den Tuberkulose-Bazillus schon im vorletzten Jahrhundert und hat damit Weltruhm erlangt. Die Tuberkulose steht unverändert an 7. Stelle aller Todesursachen weltweit und ist die häufigste zum Tode führende Infektionskrankheit. 9,2 Millionen Menschen infizieren sich jährlich und 3 Millionen Menschen sterben jährlich an Tuberkulose. Dies trifft vor allem die Bevölkerung in den Entwicklungsländern, und hier wieder die afrikanischen Länder mit einer extrem hohen AIDS-Rate. Verschärft wird das Problem durch die zunehmende Resistenz der Erreger gegen die bekannten Antibiotika. Noch vor einigen Generationen, in der Mitte des vorigen Jahrhunderts, bis zur Entwicklung des ersten wirksamen Antibiotikums gegen Tuberkulose-Bazillen, gab es auch bei uns in Mitteleuropa kaum eine Familie, in der die Tuberkulose nicht ihren Tribut forderte. Den größten Anteil am Rückgang der Tbc haben die gute Ernährung und die Hygiene, einfach die günstigen Lebensumstände. Massenimpfungen aller Säuglinge und die regelmäßige Überprüfung der erwachsenen Bevölkerung hat die Krankheit weiter zurückgedrängt. Vor allem wurden wirksame Tuberkulostatische Medikamente gefunden und man musste sich nicht mehr auf Liegekuren im Hochgebirge mit Sonneneinwirkung und optimaler Ernährung beschränken. Im ausgehenden 20. Jhdt. holte sich die Tuberkulose ihre Opfer in den Industrienationen nur mehr aus Randgruppen wie Alkoholikern, sozial und physisch herabgekommenen Menschen, Patienten mit zahlreichen Leiden, schlecht ernährten, alten Menschen und AIDS-Kranken. Da die Tuberkulose-Impfung nie ganz frei von Nebenwirkungen und die Krankheit weitgehend zurückgedrängt war, entschloss sich die oberste Sanitätsbehörde in den 80er-Jahren die Tuberkuloseimpfung (BCG-Impfung) einzustellen und nur mehr definierte Sonderfälle zu impfen. Auch in Deutschland wird die BCG-Impfung von der Ständigen Impfkommission (STIKO) seit 1998 nicht mehr empfohlen.

Ausgelöst durch die Reisefreudigkeit der Menschen, die politisch bedingten großen Wanderbewegungen von Ost nach West und durch die Flüchtlingsströme des Krieges im ehemaligen Jugoslawien, sind in jüngster Vergangenheit wieder vermehrt Tuberkulosefälle aufgetreten.

Die Übertragung der Tuberkulose erfolgt durch Tröpfcheninfektion. Das Tröpfchen gelangt in ein Lungenbläschen und bildet dort mit anderen zellulären Elementen die Erst- oder Primärinfektion. Dieser Primärherd kann in jedem Organ, z. B. auch in der Niere, vorkommen, ist aber weitaus am häufigsten im Lungenspitzenbereich lokalisiert. Typisch in dieser Phase ist auch die Entstehung rotblauer schmerzhafter Flecken. Ist die Abwehrlage des Patienten sehr gut, so kommt es zu keiner Ausbreitung bzw. zu keinem Fortschreiten der Erkrankung.

Häufige Tuberkulose-Symptome:

- *Allgemeines Krankheitsgefühl*
- *Müdigkeit*
- *Schwäche*
- *Gewichtsverlust*
- *Erhöhte Körpertemperatur*
- *Husten und Auswurf*
- *Atemnot*
- *Nächtliches Schwitzen*

Etwa 90 bis 95 % dieser Erstinfektionen bleiben unbemerkt und hinterlassen nur einen positiven Tuberkulinhauttest sowie eine latente oder ruhende Infektion.

Ist die Abwehrlage nicht gut, erfolgt nach mehr oder weniger langer Zeit die Ausbreitung der Erkrankung. Spätestens ab diesem Zeitpunkt muss der Patient in ärztliche Behandlung, und das auf lange Zeit. Ansonsten kann die Erkrankung wie einst so häufig einen dramatischen Verlauf nehmen. Naturheilkundliche Behandlungsversuche haben hier keinen Platz.
Dazu kommen Symptome wie allgemeines Krankheitsgefühl, Müdigkeit, Schwäche, Gewichtsverlust, Körpertemperatur zwischen 37 und 38 °C, Husten und Auswurf, Atemnot, nächtliches Schwitzen. Der Arzt hört den Kranken ab, im Röntgen sieht man Infiltrate und bestimmte Laborparameter sind erhöht. Letztlich beweisend ist erst der Nachweis des Erregers im Auswurf. Man spricht in diesem Fall von offener Tbc, die auch entsprechend ansteckend ist. Die Ansteckung wird durch die Dauer und die Nähe des Kontakts bestimmt. Der Kranke muss isoliert werden.

Bei der Hauttestung hat sich der Mendel-Mantoux-Test bewährt. Dabei wird eine genau definierte Tuberkulinmenge in die Haut am Unterarm injiziert. Anschließend muss ein Kontrollröngten durchgeführt werden. Der früher durchgeführte Tine-Test (ein Stempeltest mittels 4 mit Tuberkulin getränkten Stahlzinken) sollte nicht mehr verwendet werden.

Der sichere Nachweis einer Tbc ist schwierig, die Symptome sind nicht bei jedem Patienten ausgeprägt.

Zur Behandlung stehen drei bzw. vier verschiedene Antibiotika zur Verfügung, die über mindestens 6 bis 9 Monate genommen werden müssen. Ziel ist die Vernichtung des Erregers. Eine Gefahr stellen die bereits erwähnte Resistenz des Erregers und eine ungenaue Einnahme durch den Patienten dar.

Während der Behandlung wird der Auswurf regelmäßig untersucht. 90 % der Erkrankten sprechen gut auf die Medikamente an, Röntgenaufnahmen bestätigen den Verlauf.

Ein Tbc-Kranker wird durch die Gesundheitsbehörde (die Erkrankung ist anzeigepflichtig) noch 2 Jahre nach seiner Erkrankung überwacht und bei schlecht ansprechenden oder komplizierten Fällen muss bis zu 15 Jahre nachkontrolliert werden.

Lebensstil

- **Vollwerternährung**
- **Nicht rauchen**
- **Vermeidung von Übergewicht**
- **Bewegung**

Basis jeder Tuberkulosetherapie sind eine hochwertige Vollwerternährung und exakt gesundheitsbewusste Verhaltensweisen. Alles, was das Immunsystem und den Körper ganz allgemein in physischer und psychischer Hinsicht belastet, muss vermieden werden – z. B. nicht Rauchen, kein Übergewicht, Bewegung richtig dosiert, optimale Freizeitnutzung etc. – und das über Jahre hinweg, um einem späten Wiederaufflackern vorzubeugen.

Typhus abdominalis

= Bauchtyphus ist eine schwere, bei vorgeschädigten Menschen auch bedrohliche Infektionskrankheit mit hohem Fieber, die vom Bakterium Salmonella typhi verursacht wird. Eine etwas mildere Verlaufsform hat der Paratyphus (para = ähnlich), dessen Verursacher Salmonella paratyphi ist. In den westlichen Ländern treten nur selten Erkrankungen auf, dafür umso häufiger in Ländern mit niedrigem Hygienestandard. Bei Reisen in diese Länder kommt es zu hohen Infektionsraten. Jede wechselhafte hochfieberhafte Erkrankung mit eher dürftigem Organbefund und mit einer »Reisegeschichte« ist Typhus-verdächtig.

Die Typhus-Bakterien können nur im Mensch als Wirt überleben. Die Ansteckung erfolgt meist nicht direkt von Mensch zu Mensch, sondern über verunreinigtes Trinkwasser oder Nahrungsmittel, die mit verseuchtem Wasser gereinigt wurden. Die Gefahr der Erkrankung steigt mit der Anzahl der aufgenommenen Erreger, da nur ein Teil davon das saure Magenmilieu überlebt. Je mehr verunreinigtes Wasser getrunken wird, desto größer ist die Gefahr.

Akut Erkrankte sind weniger ansteckend als so genannte Dauerausscheider, die ohne selbst zu erkranken oder noch lange nach überstandener Krankheit die Bakterien ausscheiden.

Die Erreger gelangen durch die Darmwand in das Lymph- und von dort in das Blutsystem und weiter in die Organe. Etwa eine Woche nach Ansteckung sind sie auch im Stuhl nachweisbar.

Das Fieber steigt in den ersten Wochen, nach einer 8- bis 14-tägigen Inkubationszeit treppenartig bis auf 40 °C an, der Puls ist verlangsamt. Die Patienten sind schwer krank und benommen. In der ersten Woche besteht Verstopfung, die dann in erbsenbreiartige, teils blutige Stühle übergeht. Zu Beginn der 2. Woche sieht man auf der Bauchhaut charakteristische kleine, rote Pünktchen und die Zunge zeigt in ihrer Mitte einen typischen Belag. Bedrohliche Herz-Kreislauf-Störungen, Nierenversagen, Darmdurchbruch, aber auch Meningitis und Sepsis sind die gefährlichen Komplikationen. Die Behandlung erfolgt mit Antibiotika, es gibt aber leider zunehmende Resistenzen der Erreger.

Vorrangige Vorsorgemaßnahme bei Reisen in Länder mit niedrigem Hygienestandard ist die Impfung. Es gibt eine Schluckimpfung – 3 Kapseln werden je ein Stück täglich jeden 2. Tag eingenommen – mit etwa 67%igem Impfschutz und eine intramuskuläre Einmal-Impfung, die einen etwas besseren Schutz (70 %) gewährleistet. Der Impfschutz beginnt ca. 2 Wochen nach Impfung und hält 3 Jahre. Daneben kommt dem absoluten Grundsatz, in Dritte-Welt-Ländern nur abgekochtes Wasser zu trinken und nur gut gegarte Speisen zu essen, gerade in Hinblick auf Typhus oder Paratyphus – mit nur begrenztem Impfschutz – besondere Bedeutung zu.

Naturheilkundliche Behandlungsversuche sind mit Rücksicht auf die Reihe an wirksamen Antibiotika nicht zu vertreten. Lediglich kreislaufstützende Maßnahmen nach Kneipp können die Antibiotikabehandlung ergänzen.

Komplikationen bei Typhus abdominalis:

- *Herz-Kreislauf-Störungen*
- *Nierenversagen*
- *Darmdurchbruch*
- *Meningitis*
- *Sepsis*

Überbein

Überbein ist ein Sammelbegriff für verschiedene Auswüchse, die sich an Stellen erhöhter Druckbelastung bilden können. Man unterscheidet zwischen echten knöchernen Überbeinen mit normaler Knochenstruktur, derb-fibrösen, dem Knochen unmittelbar anliegenden, oder durch Gelenkdeformierungen entstehenden Pseudoüberbeinen und gutartigen gallertartigen Zysten, die sich an Handgelenken, Kniegelenken und Fußrücken, an Sehnen, Sehnenscheiden oder Gelenkkapseln entwickeln. Zur Klärung, um gezielt behandeln zu können, ist eine Röntgenaufnahme notwendig; bei Weichteilgebilden eventuell Ultraschall.

Ein häufiges Überbein findet sich z. B. an der Ferse, es handelt sich dabei um die stark ausgebildete obere Fersenbeinecke, die Schuhdruckprobleme erzeugen kann. Hier behilft man sich mit Schuhzurichtungen und Einlagen, manchmal muss das Überbein entfernt werden. Die Entscheidung liegt beim Facharzt für Orthopädie. Oberhalb des Überbeins kann es zur Ausbildung eines Schleimbeutels mit Pufferfunktion kommen, der sich sehr schmerzhaft entzünden kann.

Echte Überbeine treten relativ häufig in der Nähe des Kniegelenks und am Fußrücken auf. Wenn diese knöchernen Neubildungen Beschwerden machen, bleibt nur die operative Entfernung.

Ein Pseudoüberbein ist hingegen der Frostballen, Hallux valgus. Durch Abweichung der Großzehe drängt das erste Mittelfußköpfchen zur Mitte hin, wölbt sich vor und wird dadurch sichtbar. Manchmal bildet sich darüber auch ein Schleimbeutel, um den Druck des Schuhwerks vom empfindlichen Knorpel zu nehmen. Entzündet sich die Knochenhaut und/oder der neu gebildete Schleimbeutel, ist eine baldige orthopädische Korrektur der Zehenfehlstellung angezeigt, welche dann auch das scheinbare Überbein erfolgreich beseitigt. Vor allem Probleme an den Füßen gehören unbedingt in die Hände des erfahrenen Orthopäden, da die Behandlungsmöglichkeiten sehr vielfältig sind und die erfolgreiche Behandlung von Fußproblemen ein großes Stück Lebensqualität zurückbringt!

Urämie

Unter Urämie versteht man eine Harnvergiftung bei Nierenversagen. Das Nierenversagen kann verschiedene Ursachen haben → Nierenprobleme. Durch ein allmähliches Versiegen der Harnproduktion, die unter Umständen zunächst gar nicht bemerkt wird, da andere Gesundheitsprobleme im Vordergrund stehen, werden die harnpflichtigen Stoffe nicht mehr ausgeschieden und führen zu einer inneren Vergiftung = Urämie. Labormäßig findet man charakteristische Veränderungen, die auch Aussagen über die Schwere der Störung ermöglichen. Der Wasser- und Salzhaushalt ist gestört, dazu kommen Bluthochdruck, Übelkeit, Erbrechen, Durchfälle, Unruhe, Verwirrtheit und Schleimhautentzündungen – ein schleichend oder akut auftretendes lebensbedrohliches Zustandsbild, das sofortiger Dialyse bedarf und eventuell im weiteren Verlauf eine Organtransplantation notwendig macht.

Urtikaria

→ **Heilpflanzen**

Als Urtikaria bezeichnet man einen Nesselausschlag der Haut mit Quaddelbildung, Schwellung, Rötung, eventuell auch Bläschenbildung und heftigem Juckreiz. Die mit Ödemflüssigkeit gefüllten Quaddeln können auch bald wieder verschwinden. Die Nesselsucht tritt schubweise auf und kann von Fieber begleitet sein. In vielen Fällen liegt eine Allergie zugrunde und das Gewebshormon Histamin ist daran beteiligt. Die Ursache kann eine Überempfindlichkeit auf bestimmte Wirkstoffe, z. B. Opiate oder Arzneimittel sein, aber auch jedes Nahrungsmittel, Schimmelpilze, Bakterien, Parasiten, Kontakt mit Metallen, Chemikalien, etc., kurzum alles, worauf der Mensch allergisch reagiert, kommt als Verursacher in Frage. Vielfach steht am Beginn eine chemische Provokation. Weiters können Licht, Druck, Kälte oder Wärme eine Urtikaria auslösen. Bei Kontakt mit Nesselgiften (Brennnesseln, Quallen, etc.) kann es ebenfalls zu schmerzhaften Quaddeln mit Geschwürbildungen kommen, die unter Umständen schwer heilen. Und – in vielen Fällen kann keine auslösende Ursache gefunden werden. Auch die Psyche spielt bei der Urtikaria eine große Rolle – Stress kann auslösend wirken!

Das Wichtigste ist, das verursachende Allergen (wenn es zu identifizieren ist!) zukünftig zu meiden, denn schwere Nesselausschläge können auch durchaus bedrohliche Formen annehmen, wenn z. B. die Schleimhäute des oberen Atemtrakts innerhalb weniger Minuten extrem anschwellen, die Atmung erheblich behindern und Erstickung droht (Notfall!). Behandelt wird vom Arzt je nach Ausbreitung und Beschwerden mit Kortison oder Antihistaminika. Jeder Allergiker sollte stets einige Tabletten Kortison in ausreichender Dosierung mit sich tragen, um sie im Notfall sofort zur Hand zu haben.

Eine langfristige homöopathische Therapie zur Umstimmung ist immer des Versuches wert.

Heilpflanzen

- Kühle Waschungen
- Ackerschachtelhalm
- Kamille

Kühle Waschungen und Umschläge mit Abkochungen aus Ackerschachtelhalm und Kamille wirken etwas juckreizstillend.

Empfehlenswerte Bücher aus dem Kneipp-Verlag

Prof. Mag. pharm. Otto Maertens
Die Heilkräuter nach Sebastian Kneipp

Hans Scherz
Natürlich gesund durch Fasten

Michael Weger
Gefühle heilen

OMR Dr. Hans Krammer
Mit Kneipp vorbeugen, lindern, heilen

Dr. med. Klaus Bielau
Homöopathie – verstehen und anwenden

Milenkovics/Kunze/Kiefer/
Pilss-Samek/Krammer
Das Kneipp-Wohlfühlbuch

Prof. Dr. A. Meng/Prof. Dr. W. Exel
Chinesisch heilen

Schoberberger/Kiefer/Kunze
Schlank ohne Diät

Kiefer/Charwat/Kunze
77 einfache Fett-weg-Tipps

Univ.-Doz. Mag. Dr. Ingrid Kiefer
Die Kalorien-Fibel 1

Univ.-Doz. Mag. Dr. Ingrid Kiefer
Die Kalorien-Fibel 2

Prof. Hademar Bankhofer
Sanfte Medizin

Prof. Dr. Wolfgang Exel
So besiegen Sie die Allergie

Prof. Hademar Bankhofer
Das große Buch vom gesunden Leben

Siegfried E. Kasper/Norman F. Rosenthal
Licht-Therapie

Elisabeth Fischer/Dr. Irene Kührer
Ernährung bei Krebs

Prim. Dr. Michael Vitek
Wenn die Bandscheiben Probleme machen

Prim. Dr. Michael Vitek
Hilfe für das Kniegelenk

Univ.-Doz. Mag. Dr. Ingrid Kiefer/
Univ.-Prof. Dr. Michael Kunze
Cholesterin

Univ.-Prof. Dr. Harald Dobnig
Osteoporose

MR Dr. Karl F. Maier
Besser schlafen – nicht schnarchen
Niedriger Blutdruck

Dr. Norbert Adelwöhrer
Klimakterium als Chance

Dr. Heimo Vedernjak/Susa Juhasz
Mut zur Operation

Dr. Wolfgang Sattler
Wege aus der Schmerzkrankheit

MR Dr. Karl F. Maier
Thrombosen

MR Dr. Karl F. Maier
Sodbrennen und Gastritis

Prim. Univ.-Doz. Dr. Udo Zifko/
Univ.-Prof. DDr. H.c. Gerhard Barolin
Der Schlaganfall und das Leben danach

MR Dr. Karl F. Maier
Alzheimer

MR Dr. Karl F. Maier
Fieberhafte Erkrankungen

Univ.-Prof. Dr. Karl Pummer
Alles über die Prostata

Fialka/Worseg/Zifko
Karpaltunnelsyndrom

Dr. Reinhild Maier
Gesunde Zähne ein Leben lang

MR Dr. Karl F. Maier
Verstopfung

Univ.-Doz. Dr. Udo Zifko/Dr. Irene Zifko
Migräne

OMR Dr. Hans Krammer
Lebenswert leben mit Rheuma

MR Dr. Karl F. Maier
Balance für die Seele

MR Dr. Karl F. Maier
Probleme mit der Schilddrüse

MR Dr. Karl F. Maier
Bluthochdruck

MR Dr. Karl F. Maier
Kursbuch Atmung

MR Dr. Karl F. Maier
Kursbuch Blase und Nieren

MR Dr. Karl F. Maier
Kursbuch Herz und Kreislauf

MR Dr. Karl F. Maier
Kursbuch Krebsvorsorge

MR Dr. Karl F. Maier
Kursbuch Verdauung

GESUNDHEITSBIBLIOTHEK **Ayurveda**